Devocionário das Mães que rezam pelos filhos

Pe. JERÔNIMO GASQUES

Devocionário das Mães que rezam pelos filhos

Orientações, propostas, conteúdos e sugestões para grupos

EDITORA SANTUÁRIO

DIREÇÃO EDITORIAL: Pe. Fábio Evaristo R. Silva, C.Ss.R.
COORDENAÇÃO EDITORIAL: Ana Lúcia de Castro Leite
COPIDESQUE: Sofia Machado
REVISÃO: Bruna Vieira da Silva
Luana Galvão
DIAGRAMAÇÃO E CAPA: Mauricio Pereira

Dados Internacionais de Catalogação na Publicação (CIP) de acordo com ISBD

G249d Gasques, Jerônimo

Devocionário das Mães que rezam pelos filhos: orientações, propostas, conteúdos e sugestões para grupos / Jerônimo Gasques. - Aparecida, SP : Editora Santuário, 2020.
128 p. ; 12,5cm x 18cm.

Inclui índice.
ISBN: 978-85-369-0630-0

1. Cristianismo. 2. Devoção. 3. Mães. 4. Filhos. I. Título.

2020-156 CDD 240
CDU 24

Elaborado por Vagner Rodolfo da Silva - CRB-8/9410

Índice para catálogo sistemático:
1. Religião : Cristianismo 240
2. Religião : Cristianismo 24

3ª impressão

Rua Pe. Claro Monteiro, 342 – 12570-045 – Aparecida-SP
Tel.: 12 3104-2000 – Televendas: 0800 - 016 00 04
www.editorasantuario.com.br
vendas@editorasantuario.com.br

Pensamentos:

"O que Deus quiser para mim eu também quero! Assim vou fazer de acordo com sua vontade. Venha seu reino..."

"Uma mulher poderosa não é aquela que usa salto alto e batom vermelho, mas sim aquela que se ajoelha diante de Deus, que tem amor, gratidão, usa da verdade. Quem abre as portas não é a vaidade e a beleza, mas sim Deus... Beleza acaba, mas Deus é eterno!"

Valdir Venturi

"A beleza de vocês não deve estar nos enfeites exteriores, como cabelos trançados e joias de ouro ou roupas finas. Pelo contrário, esteja em seu interior, que não perece, beleza demonstrada em um espírito dócil e tranquilo, o que é de grande valor para Deus."

1Pd 3,3-4

Introdução

Comecemos perguntando: o que é um devocionário? Um devocional é a mesma coisa?

O termo devocionário vem das palavras devoção e devoto. O nome do livro é um neologismo criado a partir dos termos DEVOCIONAL (momento individual de meditação bíblica e oração que todo cristão tem – ou pelo menos deveria ter) e DIÁRIO. Trata-se de um pequeno livro, que pode ser carregado no bolso, na pasta, no carro etc. Ele é fácil de usar e útil para os momentos de folga! Logo, os devocionários são publicações bastante úteis para a meditação diária do cristão.

Sem delongas, podemos dizer que um devocional é a demonstração da devoção e admiração por algo, normalmente, relacionado com aspectos religiosos (*em nosso caso, a oração pelos filhos*). Nessa intenção, dedicamos alguns minutos de reflexão diária para interceder pelos filhos. Para isso, utilizamo-nos de um livro, como este, chamado de devocionário.

Iniciemos nosso devocionário com esta reflexão e meditação:

"Eu te louvo, Javé, com todo o meu coração, e descrevo todas as tuas maravilhas! Com júbilo me alegro em ti, e faço músicas em teu louvor, ó Altíssimo" (Sl 9,2-3).

Hoje, agradecemos a Deus o maravilhoso dom da vida. É com muita alegria que celebramos este dia, enaltecendo ao Senhor pelas graças que ele nos concede.

Vamos agradecer ao Senhor seu amor e todas as oportunidades que ele nos concede para bem vivermos nossa vida. Convido o leitor a celebrar o dom da vida com fé, confiança e gratidão por tudo de bom que o Senhor tem feito por nós.

Senhor, agradecemos-lhe o dom da vida de nossos filhos. Dê-nos a graça de sempre percebermos concretamente sua presença junto a nós em todos os momentos. Que tenhamos a força de testemunhar o exemplo de mães corajosas, que não se curvam diante dos desafios da família.

Encha-nos com seu amor e com a força do Espírito para superarmos as adversidades e os desafios da vida em família. Abençoe, Senhor, nosso grupo e os demais espalhados pelo mundo afora. Que nosso amém seja um ato de fé e de confiança na força de sua providência.

***

Desejamos trazer às mães e a todos os interessados um pouco de conteúdo dessa espiritualidade devocional das mães que rezam pelos filhos. Certamente, não faremos um grande tratado de espiritualidade, mas traremos um pouco de informações de como organizar o dia a dia de oração, uma vez que muitos desejam iniciar essa experiência.[1]

Propomos uma iniciação a esse serviço pastoral junto às famílias e, principalmente, às mães, para que tenham um material de reflexão, estudo e aplicação, nos momentos de encontro pastoral.

Nosso livro-devocionário tem a função de motivar e auxiliar as mães que desejam se engajar nessa tarefa na comunidade paroquial. Animar, incentivar e orientar os novos grupos será o nosso objetivo.

Não se trata de apenas rezar, a formação também é necessária. A maioria dos devotos não se interessa pela formação, por isso os desencontros. Nosso objetivo é orar e formar.

Esse grupo não precisa ser formado apenas por mães que tenham filhos "complicados". Está aberto a todas as mães e avós, independentemente da situação em que se encontram. O grupo não será exclusivo, mas

[1] O movimento nacional fundado pela Sra. Angela Abdo Campos Ferreira começou em 2011 com dez amigas, em Vitória, no Espírito Santo, sem experiência oracional, mas com vontade de interceder pelos filhos. A inspiração veio das mulheres da Bíblia, como Rute, Débora, Ester, que ajudaram o grupo no fortalecimento da fé, para com outras mães orar pelos filhos e pelas famílias. O movimento foi reconhecido pela Arquidiocese de Vitória e recebeu o nome de "Mães que oram pelos filhos". O padre Anderson Gomes foi escolhido para ser o orientador espiritual, e Nossa Senhora da Salete, a padroeira. As ações das mães foram se espalhando e gerando frutos. Hoje, o grupo está por todo o Brasil e até no exterior, em países como Estados Unidos e Portugal. O trabalho das mães baseia-se no tripé obediência, humildade e unidade.

inclusivo! Os homens também podem rezar. Pai e mãe rezando pelos filhos.

Este devocionário é para que se tenham, em mãos, algumas recomendações práticas e não um texto para a meditação pessoal e em grupo. É importante frisar que esse "ministério" não é somente para se rezar em grupo, mas uma ocasião para o estudo e encontro com as demais mães.

Essa atividade não é um movimento, propriamente dito. É um momento de encontro com mães que desejam estar juntas, para celebrarem a maternidade de forma diferente, orando por seus filhos de forma comunitária. Não importa a situação pela qual estejam passando. Apenas rezar e rezar... Rezar e celebrar o amor materno de Deus, que se fez mãe também!

Débora (Jz 4,5): uma líder de Israel, juíza e profetisa. Ela ouvia Deus e possuía o coração de serva. Delegou tarefas e ofereceu louvores. Liderou com autoridade recebida de Deus. Motivou o povo. Foi uma mãe que se despertou para a nação de Israel e inspirou outros a seu redor a terem a mesma confiança e venceu a batalha.

Vamos, modestamente, indicar alguns subsídios de formação e de orientação para o início de um grupo de mães que rezam pelos filhos. Muitos têm se interessado por essa espiritualidade e perguntado como iniciar o grupo.

Nosso devocionário é apenas um caminho indicativo e uma sugestão para motivar essa prática; trazemos algumas reflexões para reforçar a iniciativa e dar conteúdo a esse desejo.

O modo de fazer não é complicado. É necessário que haja um grupo interessado e alguém que possa organizá-lo e coordená-lo. À frente, daremos mais informações.

Faz alguns anos que as mães se reúnem para rezar o Terço entre elas, aqui, na paróquia. O movimento não é semelhante àqueles outros que têm uma organização internacional ou nacional. É uma forma de estar presente na comunidade paroquial para reunir algumas mães que desejam rezar pelos filhos de forma comunitária.

Para rezar não há necessidade de movimento. Apenas obedecer a uma ordem do Senhor: "Eu lhes garanto: tudo o que vocês ligarem na terra será ligado no céu, e tudo o que vocês desligarem na terra será desligado no céu. E lhes garanto ainda: se dois dentre vós na terra estiverem de acordo sobre qualquer coisa que pedirem, ela será concedida por meu Pai, que está nos céus. Pois onde dois ou três estiverem reunidos em meu nome, aí estou eu no meio deles" (Mt 18,18-20).

A vida em comum dos cristãos deve espelhar-se na do próprio Deus, que é Trindade (Pai, Filho e Espírito), comunidade em perfeita comunhão e amor. Criados à imagem de Deus (Gn 1,26), trazemos a marca da Trindade Santíssima em nós, apesar da sombra do pecado original. O ser humano foi criado para partilhar sua vida, e não para viver isolado dos demais irmãos.

Podemos aplicar essa palavra de Jesus em três esferas:

– *A da igreja*. A igreja é o lugar mais próprio para a oração. A missa é a melhor forma de oração comunitária que podemos descobrir na vida cristã. O cristão católico não perde a missa e dela participa de forma domingueira; é a prática da reconciliação entre os irmãos. Os sacramentos são os motivadores dessa expressão de oração, bem como a motivação da prática da caridade solidária.

– *A da esfera do lar*. Uma das primeiras interpretações dessa passagem assinalava que os dois ou três eram o pai, a mãe e o filho e que Jesus estava presente, hóspede invisível de cada lar. O texto (cf. Mt 18,15-20) assinala a "correção fraterna e a oração em comum".

– *A do setor, Comunidade Eclesial ou outra qualificação*. A necessidade de se sair da esfera religiosa e ir onde se encontram as famílias. Em geral, as paróquias são organizadas por setores e/ou coisa semelhante (qualificação). Ali é um lugar próprio para reunir as famílias para a oração do Terço.

As mães organizam-se e dirigem-se à igreja paroquial para rezarem pelos filhos. Na realidade, as mães não necessitam estar na igreja para rezar por seus filhos, porém, nela, está o Santíssimo para a adoração. Nesse sentido, a igreja poderia ser um espaço a mais de adoração, no momento da oração do Terço diante do Santíssimo ou do sacrário.

A mãe não precisa entrar em greve para mostrar a diferença que faz no lar ou para ser importante. Não precisa abandonar seu marido e filhos por nove dias para eles descobrirem o quanto precisam dela.

A mãe que realmente faz diferença: 1) Entrega seus filhos ao Senhor (prepara-os para servir ao Senhor na vida e no seguimento a Jesus Cristo). 2) Ensina seus filhos sobre o Senhor, a doutrina cristã, os mandamentos da Lei de Deus, o caminhar ético e sua verdadeira identidade, a coragem para ficar a sós (prepara-os para se identificar com o povo de Deus).

Enfim, o que importa é rezar conjuntamente pelos filhos.

1
O conteúdo deste devocionário

Este devocionário é uma espécie de manual de instrução com algumas orientações e indicações de conteúdos para a prática do Terço das mães que rezam por seus filhos. É uma espécie de "espiritualidade do cuidado", que continua pela idade adulta dos filhos, que parecem nunca envelhecerem. Sempre serão tratados como "meus meninos"!

Ser mãe de alguém e dedicar a existência ao bem-estar dessa pessoa é viver um período mágico e iluminado. Porém, a relação entre mãe e filho é muito mais que um laço emocional, ela representa um passo a mais a caminho do conhecimento e da dedicação, que parece, jamais, ter fim.

Neste devocionário vamos contemplar: a importância dos filhos para as mães; algumas indicações de como fazer esse momento acontecer na comunidade paroquial; o conhecimento histórico das Santas protetoras; a importância de as mães estarem juntas rezando pelos filhos; um pouco do conteúdo das formas de oração; algumas orações suplementares para o devocional; como iniciar esse momento de espiritualidade; e, enfim, a motivação especial para que as mães se sintam determinadas a praticar essa devoção.

Vamos trazer à lembrança uma pequena e resumida história da vida de Santa Mônica e algumas informações sobre Nossa Senhora da Salete. Elas são as patronas das mães que rezam pelos filhos. Suas histórias podem dar um norte e ser uma inspiração para as mães.

Essas belas histórias de vida nos levam à reflexão, orientam-nos e animam a reflexão das mães. São histórias inspiradoras para esse momento de encontro, e nelas as mães poderão encontrar motivação para se sentirem guiadas e orientadas por essa vida de altruísmo e delicada espiritualidade devocional.

As padroeiras foram mães; sentiram as mesmas inspirações, dificuldades e alegrias na educação dos filhos. Certamente, a tristeza também fez parte dessas histórias de vida. Nossa Senhora da Salete apresenta-se como a mãe sofredora por seus filhos dispersos, e Santa Mônica, por seu Agostinho, teimoso e virtuoso ao mesmo tempo. Foi uma questão de esperar. No momento certo, ele encontrou o caminho!

Vamos admirar algumas histórias bíblicas de mulheres motivadoras e corajosas, que souberam valorizar o plano de Deus em sua vida e tornaram-se guerreiras em favor dos filhos e na defesa do reinado de Deus. Dessas, surgiram rainhas, princesas e mulheres, simples e aguerridas.

Vamos indicar a oração do Terço, com seus vários mistérios, ou do Rosário como determinante para esse momento, como forma de meditação e de contemplação.[2]

Mais ao final, traremos algumas orações para completar o devocional. Nossa intenção foi fazer um devocional para rezar em todo e qualquer tempo. Muitas das vezes, não será possível estar no grupo para se rezar com as demais mães, mas é possível estar em qualquer lugar, unido em oração pelo Espírito, que tudo nomeia, guia e orienta.

O devocionário é como uma espécie de mapa, em que se poderão encontrar alguns pontos de apoio para a prática do grupo de mães que rezam pelos filhos; ele

---

[2] Gasques, J., *Devocional do terço dos homens*, Edições Loyola, 3ª ed. p. 104. Esse livro deseja auxiliar o devoto a descobrir em Maria sua espiritualidade. A oração do terço é uma forma muito simples de viver a espiritualidade mariana. Rezar o terço não é difícil. O mais importante é saber por que se reza o terço e buscar na catequese uma orientação para rezá-lo bem. Os católicos estão redescobrindo a oração do terço. É cada vez mais comum encontrar grupos nas paróquias que se propõem a rezar o terço em alguns dias da semana. Com isso, vão surgindo vários tipos de terço: dos homens, dos jovens, dos catequistas, da misericórdia, das mulheres, de São José etc. Aqui está uma proposta de oração e de catequese sobre como e por que rezar o terço.

também é entendido como uma bússola para as mães que rezam pelos filhos. É um instrumento de espiritualidade para a meditação e contemplação das mães e de outros interessados na reflexão. Entre uma reflexão e outra serão feitas algumas indicações de motivação à espiritualidade materna.

Talvez a maior razão de ser do grupo seja a evocação dos laços espirituais entre mãe e filho. A maternidade é um exercício de profundo amor e cuidado. Exercê-la traz muita felicidade, mas também grandes responsabilidades e preocupações para os responsáveis pela educação de um filho, biológico ou do coração. Ainda mais porque essa ligação não é apenas biológica ou jurídica, mas, acima de tudo, religiosa.

O cuidado com os filhos é uma exigência constante. Muitas mães sofrem por causa do desvirtuamento dos filhos, que optam por seguir caminhos que não condizem com sua formação inicial. São mães que se queixam que deram o melhor de si aos filhos, e eles, depois de crescidos, seguiram outro caminho.

Deus diz que as mães são pessoas muito importantes na vida dos filhos. A mãe, com o pai, cuida dos filhos e os protege, e cada filho deve respeitar sua mãe e seu pai. A Bíblia nos dá vários bons exemplos de mães tementes a Deus.

A mãe é a pessoa que está presente desde o início da vida do filho. Ela cuida dele no início de sua vida, é a primeira pessoa que o filho conhece e a ele dá carinho, preocupando-se com o seu bem-estar. A mãe e o pai são as pessoas mais importantes na educação dos filhos, ensinando-lhes sobre Deus e sobre como agir de acordo com seus ensinamentos (cf. Pr 1,8-9).

O amor de Deus é comparado com o amor de mãe (cf. Is 49,15), figura fundamental na vida de um filho; porém nem toda presença materna é positiva. Infelizmente, há muitas mães que maltratam seus filhos.

Na Bíblia, ser mãe é uma grande honra e uma grande responsabilidade. Os filhos são uma bênção de Deus e mudam para sempre sua vida. Ela merece o respeito de seus filhos, porque seu trabalho é muito importante (cf. Ef 6,1-3).

Arrumemos tempo para rezar pelos filhos; convidemos e formemos grupos de mães que rezem pelos filhos. Iniciemos esse apostolado na comunidade paroquial!

2
Como meditar o Terço com as mães que rezam pelos filhos

O momento de oração das mães que rezam pelos filhos não é complicado ou cheio de normas a serem cumpridas. Se no grupo tiver alguém para animar o canto e algum instrumento musical, será bom. É importante, também, preparar o ambiente da celebração do Terço.

Em nossa paróquia, as mães colocam, sobre uma mesa, as fotografias de seus filhos e as intenções de cada uma. Esse momento é mais propício e indicado ser realizado nas casas, com as famílias. Ao final da celebração, a coordenação distribui rosas às mães (quando há condições). Tudo é feito de forma bastante simples.

Seguem algumas informações sobre como fazer o Terço das mães que rezam por seus filhos.

Faz-se o sinal da cruz *(pode-se estar de pé ou de joelhos, para quem puder e desejar, sem obrigação)* e reza-se uma oração inicial, como a que segue:

Oração da mãe reconciliada

Senhor, eu te agradeço o dom da vida! Eu te agradeço o dom da fé! Contemplo, com emoção, tua cruz redentora; pregado na cruz, perdoaste a humanidade. Por teu sangue derramado, eu te suplico: queima as mágoas que tenho em meu coração; que eu perdoe como me perdoas; por teu Espírito de amor, eu te suplico: renova meu coração!

Meu coração está secando pelas mágoas, o orgulho me domina; estou presa em mim mesma; por teu sangue derramado e por teu Espírito misericordioso: liberta-me; cura-me, Senhor!

Eu creio; eu te suplico: dá-me força e coragem para perdoar! Eu quero ser uma pessoa que perdoa e ama; eu quero ser uma pessoa reconciliada! Reconciliada comigo e com meu próximo; concede-me, Senhor: perdão e reconciliação! Que por meu exemplo de perdão seja minha família uma família reconciliada! Hoje e sempre, sinal e instrumento da reconciliação!

Eu creio, Senhor! Tu me ensinas: quem ama perdoa! Amar, hoje e sempre! Perdoar hoje e sempre! Vida reconciliada! Louvado seja por teu sangue derramado na cruz! Amém! Quem ama perdoa!

(Dom Luiz Mancilha Vilela)

Essa sugestão não dispensa aquelas comuns da oração tradicional do Terço. Ao terminar o Terço, poderão rezar as orações seguintes:

Agradeço a Deus o dom da vida

Deus, tu sabes que com muita frequência as pessoas te procuram para pedir ajuda e bênçãos, mas hoje eu te procuro para agradecer!

Agradeço ao Senhor todas as coisas boas e ruins que me aconteceram na vida, pois sei que, se tu permitiste que houvesse obstáculos em minha vida, é porque confiaste que eu podia ultrapassá-los e adquirir sabedoria com eles.

Agradeço as bênçãos que tens me dado, agradeço minha saúde e a saúde das pessoas que amo e a proteção que recebemos diariamente de teus anjos.

Agradeço encontrar em meu caminho algumas portas abertas. E ainda que, em momentos de revolta, não entenda por que outras portas se fecharam, compreendo que tu sabes o que é melhor para mim.

Generosamente, agradeço-te as lições que tenho aprendido ao longo de minha vida, mesmo que algumas delas me tenham trazido sofrimento. Hoje, tenho humildade para aceitar teus desígnios, Senhor, e mais sabedoria para tentar aprender com a dor.

Hoje, sou uma pessoa melhor, mais compreensiva e forte. Tenho maturidade, para me reconciliar com meus erros e defeitos, e discernimento, para entender as linhas que o Senhor traçou para minha vida.

Peço a ti que continues a me abençoar e a me proteger com tuas mãos poderosas. E agradeço confiares a mim o dom da vida e me comprometo a buscar a paz, a bondade e a felicidade! Amém!

Oração ao final do Terço

Salve, Rainha, mãe de misericórdia, vida, doçura e esperança nossa, salve! A vós bradamos os degredados filhos de Eva. A vós suspiramos, gemendo e chorando, neste vale de lágrimas. Eia, pois, advogada nossa, esses vossos olhos misericordiosos a nós volvei; e, depois deste desterro, mostrai-nos Jesus, bendito fruto do vosso ventre. Ó clemente, ó piedosa, ó doce sempre Virgem Maria.

V. Rogai por nós, santa Mãe de Deus,

R. Para que sejamos dignos das promessas de Cristo. Amém.

O grupo poderá também ler algum Salmo ou outro texto bíblico como oração ou meditação final. Alguns exemplos a seguir.

– Salmos 143 e 144: para superar as dificuldades do dia a dia, tomar a decisão certa e acelerar a solução de um problema complicado.

– Salmo 34: louvor à justiça de Deus.

– Mateus 5,1-12: os bem-aventurados do Senhor.

– João 16,33: Jesus entende seu sofrimento. Ele também sofreu de muitas maneiras durante sua vida na terra e sabe como é difícil. Mas, quando ressuscitou, venceu todo sofrimento! Por isso, você pode confiar em Jesus. Ele vai lhe dar forças para superar o sofrimento. Não desista.

– Salmo 22,25: você pode sentir-se sozinho no sofrimento, mas Deus não o abandonou! Se você ama Jesus, não há nada que pode separá-lo do amor de Deus. Ele está participando de seu sofrimento e ajudando você a ultrapassar as dificuldades.

Salmo 124

Que teria acontecido se o Senhor Deus não estivesse de nosso lado? Responda, povo de Israel! "Se o Senhor não estivesse de nosso lado quando nossos inimigos nos atacaram, eles nos teriam engolido vivos; pois, furiosos, se voltaram contra nós. As águas nos teriam levado para longe, a enchente nos teria coberto e teríamos morrido afogados na correnteza violenta." Demos graças ao Senhor, que não deixou que nossos inimigos nos destruíssem. Como o passarinho, nós escapamos da armadilha do caçador. A armadilha quebrou, e ficamos livres. Nosso socorro vem do Senhor Deus, que fez o céu e a terra.

Mães pobres que rezam

Deve-se, nessa modalidade de oração das mães que rezam pelos filhos, dar uma atenção especial às mães pobres de nossas periferias (paróquias); às vezes, somente mães de alguns movimentos estão presentes nesses encontros de oração. Esse Terço não é exclusividade de nenhum movimento. O movimento é o das mães dedicadas aos filhos.

A dor de uma mãe é sempre a mesma! Não importam a situação e a classe social à qual pertença; apenas há diferença no abandono e na falta de amigos para consolar no momento da dor (cf. Lc 7,11-17: a viúva de Naim).

As coordenações devem sair para as "periferias existenciais" de nossas paróquias para encontrarem-se com a dor das mães, sumariamente, empobrecidas. Ali, a dor parece ser maior, mais silenciosa e dilacerante. É uma dor que poucos conhecem ou observam. Na maioria das vezes, acomodamo-nos em nossas igrejas e esquecemo-nos de sair para evangelizar.

Do desejo manifestado pelo papa Francisco de "uma Igreja pobre e para os pobres" à proposta de uma Igreja em saída, ele coloca em evidência as atuais periferias geográficas e existenciais, que requerem da Igreja uma atitude de misericórdia e compaixão.

O centro da Igreja é a periferia! É estando atenta a ela que a Igreja pode se manter fiel a sua missão evangelizadora, muito bem expressa na *Evangelii Gaudium* (EG).

Nesse sentido, o Terço sai da igreja e vai para as casas das famílias de nossas periferias, muitas vezes, abandonadas pela sociedade.

As mães da periferia, em geral, carregam fardos mais pesados, pois o abandono é enorme, e as provocações são inúmeras. O Terço das mães que rezam pelos filhos poderá ser o bálsamo para aliviar as dores de mães sofridas.

Pensemos nas mães cujos filhos estão presos. Quem sabe a oração do Terço à porta das penitenciárias seja o alívio e conforto para elas. Quem visita os presídios pode avaliar a quantidade de lágrimas e dores das mães que sofrem por causa dos descaminhos dos filhos. Vamos nos organizar para dar sentido a esse momento de alívio e conforto. Se uma palavra é dura de dizer, quem sabe uma prece poderá ser o último recurso.

Essas mães podem representar aquele encontro de Jesus com sua mãe ao carregar a cruz. Ali, eram dois oceanos de amor que se encontravam e de olhares que se enterneciam. Foi um momento crucial na vida de Maria. Quem poderia avaliar sua dor?

O Terço das mães que rezam pelos filhos poderá ser o último refúgio para essas mães sofridas. Apliquemos e acalentemos esse desejo de estar na periferia para levar a elas um pouco de consolo.

O Terço deve ser um ato missionário. A missão que vai ao encontro das mães menos favorecidas e entristecidas pelas desventuras da vida. Apliquemo-nos esse ato de misericórdia e consolemos as mães dolorosas à semelhança das tantas Verônicas; daquelas que padecem no vale de lágrimas.

Nossa Senhora da Salete, rogai por essas mães lacrimosas!

3

A espiritualidade das mães que rezam pelos filhos

O que se deve entender dessa forma de espiritualidade? Vamos apresentar alguns modelos de mães presentes nas Escrituras. O que motivará o grupo de mães será a Revelação de Deus presente nas Sagradas Escrituras.

Dizem que cada criança que nasce é uma mensagem de Deus anunciando que ainda ama o homem. Por 289 vezes, a palavra "mãe" ou "mães" aparece na Bíblia. Lendo-a, notamos o princípio pelo qual as mães devem ser honradas (Êx 20,12), com os pais; as palavras são repetidas várias vezes, no Antigo e no Novo Testamento.

As mães devem ser honradas por serem mães, mesmo que seus conselhos ou práticas não devam ser seguidos. Temos, na Bíblia, histórias de mães magníficas e de outras nem tanto. Podemos, então, afirmar que, embora haja uma imensa influência das mães sobre os filhos, elas não são responsáveis pelas escolhas que eles fazem.

Algumas mães se culpam pelo desvio dos filhos. Na realidade, os pais educam, mas o mundo também influencia a educação dos filhos. O desafio será o de confiar na formação dada em casa, na família. O carinho e o afeto, certamente, nunca devem faltar em um lar. Os filhos assim criados podem desenvolver mais responsabilidade diante da fé e do caminho a seguir.

Uma mãe que teme a Deus é capaz de fazer toda a diferença. A Bíblia contém ensinamentos valiosos que podem ajudar as mães a cumprirem melhor suas obrigações relacionadas à maternidade, como enxergar os filhos (cf. Tt 2,4-5), ter compaixão por eles, como ensinar-lhes o Evangelho, corrigi-los, ensinar-lhes as regras, dar-lhes educação (cf. Pr 22,6) e ensiná-los ter moderação (cf. Ef 4,29-32).

Notemos os "modelos" de mães a seguir.

Tomemos como referência, apenas para indicar, o exemplo de Rispa, a mãe modelo. Mãe amorosa, não abandonou seus filhos nem quando morreram; passou, aproximadamente, seis meses enxotando as aves de rapina para que não comessem os corpos de seus dois filhos expostos na terra. Foi honrada pelo rei Davi, enterrando seus filhos nas sepulturas dos reis de Israel (cf. 2Sm 21,8-14).

Quantas mães já abandonaram seus filhos mesmo vivos? Uma tristeza!

Maria – a mãe agraciada e sofredora (cf. Lc 1,30-33): "O anjo lhe disse: não tenha medo, Maria, porque você encontrou graça junto de Deus. Eis que você ficará grávida e darás à luz um filho, e lhe dará o nome de Jesus. Ele será grande, será chamado Filho do Altíssimo. E o Senhor lhe dará o trono de seu pai Davi. Ele reinará para sempre sobre a casa de Jacó, e seu reinado não terá fim".

A missão de ser mãe

Talvez um dos papéis mais preponderantes da mulher, destacado na Bíblia, seja o de ser mãe, embora todos os papéis sejam igualmente reconhecidos. O papel de mãe era tão importante, nos tempos bíblicos, que a esterilidade feminina chegava a ser considerada uma maldição divina, porque furtava à mulher uma de suas funções mais importantes. Há casos destacados, como o de Sara (cf. Gn 17,15), Raquel (cf. Gn 30) e Ana (cf. 1Sm 1,2).

O que se constata, na maioria das vezes, são as muitas noites acordadas, cansaços físicos, renúncias, ingratidões; uma tarefa difícil, árdua. Uma mãe, na espera do filho voltar para casa, não tem sossego nem paz de espírito. O sono não vem, e as noites ficam eternas!

A rotina estressante e o ritmo frenético das grandes metrópoles provocam noites de insônia em muitas mães/pessoas. Imagine essa situação unida às dificuldades da família. A insônia é considerada uma epidemia global, que ameaça a saúde e a qualidade de vida de até 45% da população, conforme pesquisa da Associação Mundial de Medicina do Sono.

A instituição alerta que o mundo vive uma epidemia de restrição ao sono, e os distúrbios são um fator de risco para transtornos mentais, como depressão e ansiedade. Atualmente, já foram identificados mais de 100 tipos de transtornos que comprometem o sono. Os mais comuns são insônia, distúrbios respiratórios e de movimento.

Porém, é extremamente gratificante para a mãe ver o filho que ela amamentou crescido, criado, formado, bem encaminhado na vida. Os filhos sem problemas são considerados uma dádiva particular às famílias, mas, a cada dia que passa, vai rareando essa rotina positiva.

Nossa missão será o resgate da família, que poderá ser feito por meio de muitos momentos como se contempla nessas últimas décadas. É uma missão que vai além dos movimentos pastorais, encontra-se na formação própria das novas famílias, que começam com um novo perfil: preparar a juventude para o matrimônio!

Na idade adulta, o relacionamento com os pais muda. O filho torna-se cada vez mais independente e responsável por suas próprias ações (ou deveria). Em vez de dar ordens, o pai e a mãe ajudam com conselhos e partilha de sabedoria. O filho sábio escuta-os e leva-os em consideração. Alguns podem até discordar, mas precisam ouvir com respeito. Os pais podem oferecer uma visão mais experiente das coisas.

Modelos de mães bíblicas

As várias funções da mãe: gerar (conceber), amar, alimentar, consolar, proteger e educar (ensinar, edificar, exortar, corrigir, repreender). "Ensina a criança no caminho que deve andar e ainda quando for velho não se desviará dele" (Pr 22,6). "Tu, porém, permaneces naquilo que aprendeste, e de que foste inteirado, sabendo de quem o aprendeste. E que desde a infância sabes as sagradas letras que podem tornar-te sábio para a salvação pela fé em Jesus Cristo" (2Tm 3,14-15).

Na Bíblia, aparecem mães de todo tipo, estilo e índole. Podemos extrair boas lições de suas más ou boas atitudes. Por meio desses modelos, Deus deseja nos ensinar a melhor forma de amar os filhos e de cuidar deles. Ele próprio, sendo o autor da criação e Pai de toda a vida, é o melhor modelo de amor e dedicação para seus filhos.

O que uma mãe pode ser? Indicaremos sete aspectos para ilustrar nossa reflexão.

1. *Exemplo de vida* (Pr 31,28-29). O modelo de vida de uma mãe virtuosa é um bálsamo na vida dos filhos. A mãe é uma escola para seus filhos. As crianças apren-

dem em casa a lição de solidariedade, caridade, amor, perdão etc.

2. *Amor de mãe* (1Cor 13,4-8). Esse amor não pode exceder os limites para não se criar um filho acomodado e sem responsabilidades pessoais, sociais e religiosas. Existem mães que zelam tanto pelos filhos que lhes tiram o dever e a responsabilidade.

3. *A mãe merece respeito* (Pr 11,16). Certamente, aqui, vai depender de como a mãe enfrenta a vida e cuida de sua família, para merecer o devido respeito dos filhos. "Minha mãe ensinou-me que existe diferença entre dar e emprestar, muita gente tem dado o respeito e tem cobrado de volta. Mas não é somente quando emprestamos algo que pedimos retorno. Vale a pena pensar o que na vida temos de dar e o que é necessário emprestar" (Yana Michelle).

4. *Gratidão pela mãe* (Fl 1,3). Os filhos, em geral, não ligam para esse aspecto. Somente quando forem mais velhos é que poderão reconhecer esse mérito materno. Muitas mães sofrem por causa da falta de reconhecimento.

5. *Orgulho dos filhos* (Pr 17,6). Uma mãe modelo não tem preço. Em todos os aspectos: social, familiar, religioso, ela é presente e se faz merecedora, em tudo. Os filhos se orgulham da mãe que têm e contam vantagens sobre ela (merecidamente).

6. *Mãe merece elogio* (Pr 31,30). A maioria dos filhos não foram educados para elogiarem os pais e,

muitas vezes, sentem vergonha de fazê-lo. Talvez, seja uma questão de tempo ou mesmo de educação e de reconhecimento.

7. *Uma bênção para a mãe* (Nm 6,24-26). A mãe tem a bênção divina garantida sobre si. Ser mãe é um papel muito importante que o Senhor dá a muitas mulheres. Às mães é dito que amem seus filhos. Em Tito 2,4-5, está escrito: "A fim de encorajar as mais novas a terem amor aos maridos e aos filhos, a serem prudentes, castas, boas donas de casa e obedientes a seus maridos, de modo que a Palavra de Deus não seja difamada".

Em Isaías 49,15, está: "Mas pode a mãe se esquecer de seu bebê? Pode ela deixar de ter amor pelo filho de suas entranhas?"

Mães exemplares na Bíblia: Raquel, Débora, Rute, Rebeca, Raabe, Dalila, Ester, Marta e outras. A Bíblia apresenta mais de 20 modelos de mães exemplares, que viveram em épocas difíceis, assim como são os dias de hoje. A inspiração e o exemplo delas fortalecem as mães de hoje e sempre.

Vejamos outras mães:

Joquebede: a mãe de Moisés, que protegeu seu bebê do faraó e foi recompensada por Deus. Seu nome é citado, literalmente, apenas duas vezes: Êx 6,20 e Nm 26,59.

Ana: a mãe do profeta Samuel, que dedicou seu filho a Deus (1Sm 1,22). O ambiente na casa de Elcana, marido de Ana e também de Penina, era conturbado. Sua casa vivia uma guerra familiar, pois as esposas são citadas como rivais. Penina aproveitava-se do fato de Ana ser estéril para irritá-la (1Sm 1,6). Não havia harmonia na casa, e o fato de Ana ser a esposa preferida de Elcana gerava ainda mais ciúmes por parte de Penina (1Sm 1,5).

A prostituta perante Salomão: preferiu deixar a outra prostituta ficar com seu filho a vê-lo ser morto; assim salvou seu filho e ficou com ele (1Rs 3,16-27). Nos tempos bíblicos, ter um filho fora da união matrimonial era motivo para uma mulher ser deserdada. Mães solteiras, com frequência, entregavam-se à prostituição para sustentarem a si mesmas e a seus filhos.

Uma das histórias mais conhecidas da Bíblia conta sobre duas meretrizes, mães solteiras, que se apresentaram diante de Salomão para que ele julgasse de quem era a criança.

Maria: a mãe de Jesus, que arriscou perder sua reputação e, talvez, sua vida para obedecer a Deus (Lc 1,34-38). Apostou em Deus como serva obediente. O que ela fez? Maria, humildemente, fez a vontade de Deus. Ela era noiva de José, quando um anjo apareceu para ela e disse que ficaria grávida e daria à luz o tão aguardado Messias (Lc 1,26-33). Ela aceitou de boa vontade essa designação.[3]

[3] Vale a pena, a esta altura, a leitura do livro *Ave-Maria*, do papa Francisco, publicado pela Paulus Editora. O Papa comenta a prece da Ave-Maria e chama a atenção para a maneira como reflete a leitura de Maria: uma mulher normal e inserida na cultura de seu tempo.

A mulher siro-fenícia: ela procurou Jesus para libertar sua filha de um demônio e não desistiu (Mc 7,25-30).

Eunice: a mãe de Timóteo, que educou seu filho na fé em Jesus (2Tm 1,5). Eunice era uma judia casada com um homem grego, não cristão. Mesmo tendo um marido incrédulo, procurou obedecer à Palavra de Deus, que dizia: "Educa a criança no caminho em que deve andar; e até quando envelhecer não se desviará dele" (Pr 22,6).

Ela e sua mãe Lóide procuraram falar de Jesus a Timóteo. Sua lealdade ao Evangelho foi herdada de sua mãe e passada a seu filho que, assim como elas, tinha uma fé não fingida.

Em geral, fala-se pouco sobre Eva. E, na maioria das vezes, ouvimos coisas vagas sobre ela e a julgamos. Ela também foi uma mãe. A primeira de todas as mães. Talvez, iremos julgá-la por ter tomado uma decisão errada. Sim, somos humanos, e ela também foi...

Eva foi uma mãe que teve de lidar com a inveja e o ciúme entre seus filhos e, mesmo assim, passou por cima de uma situação. Afinal, Caim matou Abel e ela?

Apesar de toda a decepção que, certamente, sofreu, Eva alegrou-se com o nascimento de Sete, "Deus me pôs outro descendente no lugar de Abel, que Caim assassinou" (Gn 4,25), demonstrando assim obediência a Deus em gerar mais filhos.

De toda a história, seu neto, Enós, foi o primeiro a "invocar o nome de Javé" (Gn 4,26). Portanto, aprendemos de Eva a resiliência.

Felizmente, Deus permitiu que Eva fosse também modelo da esperança, pois foi por meio do descendente (a "semente", cf. Gn 3,15) dela que Deus prometeu a vinda de nosso Senhor e Salvador, Jesus Cristo.

Queremos citar as palavras de Salomão no Salmo: "Os filhos são herança do Senhor" (Sl 127,3). Por crer que essas palavras são absolutamente verdadeiras, então devemos entender que a maternidade é uma bênção dos céus. Todos os filhos pertencem a Deus, mas ele os deixa como parte de sua eterna riqueza para que a partir deles sejamos abençoados.

Enfim, mães, geralmente, não têm tempo para si mesmas; estão sempre preocupadas com a casa, com os filhos, com o trabalho e, hoje, muitas também estão preocupadas com a manutenção financeira da casa, juntamente com o marido, ou, muitas vezes, sozinhas...

4
Alguns textos para a meditação nos grupos

Certamente, todas as mães sentem-se felizes quando veem seus filhos unidos, felizes e realizados como pessoas e como cristãos. Mas lamentam quando os filhos não são unidos. As duas situações existem, e, em quase todas as famílias, as coisas são mais ou menos assim.

Ser mãe é ser líder, pois ninguém influencia tanto uma pessoa como uma mãe, que carrega os filhos no coração, no ventre, nos braços, nos sonhos, nas orações. Nenhuma outra força na vida da criança é tão poderosa e influente como a da mãe.

O cuidado com os filhos transforma-se em um processo de educação. Não existe um tempo certo para educar um filho. Pelo contrário, inicia-se a educação e formação de um filho desde o momento em que ele nasce. E esse é o desafio para a maioria das mães.

Muitos homens famosos foram influenciados por suas mães. A mãe de George Washington era uma mulher cristã piedosa, com profundo senso crítico. Seu filho foi o primeiro e um dos melhores presidentes dos EUA. Por outro lado, a mãe de Nero era gananciosa, sensual e assassina; acabou sendo morta pelo próprio filho. Sem dúvida, a mãe pode influenciar o filho tanto para o bem quanto para o mal.

Deus está procurando mães que encontrem tempo para orar pelos filhos. A pressa é um distintivo de nossa geração, não temos tempo, corremos o dia todo, vivemos sob o peso do estresse. Muitos pais não têm tempo para os filhos, a família deixou de ser prioridade, por isso precisamos nos levantar em favor de nossos filhos e de nossa família.

Carecemos de mães, que falem de Deus para seus filhos e dos filhos para Deus; de mães modelos de intercessão e de oração constante; de mães que se colocam diante de Deus, em favor dos filhos, e deem exemplo de virtude a eles.

Necessitamos de mães que derramem o coração diante de Deus em fervente oração. Mães que passam mais tempo no altar da intercessão. Se uma mãe tem tempo de ir ao salão de beleza, ao shopping, à academia, também terá tempo de orar.

Muitas mães acabam dando tudo para os filhos naquilo que se refere às coisas materiais, mas temos que aprender a dar Deus aos filhos como presente diário. Precisamos de mães que, mesmo na agitação deste mundo, tenham tempo para buscar Deus em favor de seus filhos.

Começar é fácil; difícil é perseverar na oração pelos filhos. Dedicar tempo para a oração não é tempo perdido! Não se deve rezar apenas quando as dificuldades aparecem; deve-se orar sempre e em todos os instantes pelos filhos. O bom mesmo é a oração do pai e da mãe pelos filhos. O melhor, ainda, é quando a família reza junta.

A maior influência que uma mãe pode exercer na vida dos filhos se dá por meio de seu testemunho de vida. Temos de priorizar, organizar nossa vida em favor disso, e a oração vem como complemento dessa prática cristã.

Veja exemplos atuais de algumas mães de oração. Suzana Wesley, protestante, tinha 19 filhos e nunca abriu mão de orar uma hora por eles. Esse tempo era sagrado, e seus filhos não ousavam interrompê-la, porque sabiam que ela estava no quarto derramando sua alma diante de Deus em favor de cada um deles.

Outra mãe intercessora foi Santa Mônica, que orou pela conversão de seu filho, Agostinho. Ele era um jovem devasso e completamente resistente ao Evangelho;

mas ela jamais desistiu de esperar por um milagre de Deus na vida de seu filho. Noite e dia, ela clamava a Deus pela conversão de Agostinho. Foram 40 anos de luta, choro e oração, mas um filho, depois de muitas lágrimas da mãe, não poderia se perder.

Agostinho foi o maior expoente da Igreja entre o período dos apóstolos e reformadores. Foi o maior teólogo que a Igreja já produziu, depois do apóstolo Paulo, sendo fonte de inspiração para inúmeros teólogos e leigos estudiosos de teologia.

As mães são belas dádivas de Deus em nossa vida. Elas têm a responsabilidade de criar, ensinar, instruir e proteger. Não é uma tarefa nada fácil, por isso, devem ser amadas, respeitadas e honradas.

A Bíblia revela nos dez mandamentos que aquele que honra seu pai e sua mãe verá sua vida prolongada nesta terra. Isso significa que Deus se alegra quando os filhos amam e obedecem aos seus pais.

Se você tem uma mãe que teme o Senhor e soube lhe guiar em seus caminhos, dê graças a Deus por essa maravilhosa bênção! Muitas mães não se importam com a educação religiosa dos filhos e, depois, reclamam dos descaminhos. A vida é uma colheita sempre próspera: colhemos o que plantamos!

Vamos recordar alguns textos da Bíblia que invocam mães exemplares, que rezam por seus filhos:

– "Ouça, meu filho, a instrução de seu pai e não despreze o ensino de sua mãe. Eles serão um enfeite para sua cabeça, um adorno para seu pescoço" (Pr 1,8-9).

– "Filhos, obedeçam a seus pais no Senhor, pois isso é justo. 'Honra teu pai e tua mãe'; este é o primeiro mandamento com uma promessa: 'para que tudo te corra bem e tenhas longa vida sobre a terra'" (Ef 6,1-3).

– "Reveste-se de força e dignidade; sorri diante do futuro. Fala com sabedoria e ensina com amor. Cuida dos negócios de sua casa e não dá lugar à preguiça. Seus filhos se levantam e a elogiam; seu marido também a elogia, dizendo: 'Muitas mulheres são exemplares, mas você a todas supera'. A beleza é enganosa, e a formosura é passageira; mas a mulher que teme o Senhor será elogiada" (Pr 31,25-30).

– A mulher de Manoá e mãe de Sansão (Jz 13).

– A fervorosa e paciente mãe de Samuel (1Sm 1).

– A sunamita amiga de Eliseu (2Rs 4).

– A mãe chamada Maria: mãe de Jesus; procurou ser uma mãe submissa à vontade de Deus e ensinou seu filho a temer ao Senhor (Lc 1,38).

– A mãe de Timóteo (2Tm 1,5).

– A mãe chamada Isabel: sendo esposa de Zacarias, teve um filho especial: João Batista, homem cheio do Espírito Santo já em seu ventre (Lc 1,5-25).

Esses são apenas alguns exemplos. Há muitos outros que mereceriam nossa leitura e estudo. Ao ler essas histórias bíblicas, ficamos motivados por ver que Deus preservou em sua Palavra a inspiração da vida de mães que, além de demonstrarem amor incondicional pelos filhos, foram pilares importantíssimos para o êxito deles em todos os aspectos da vida.

Por isso, as mães são peças-chave para a salvação do ser humano. As características daquelas que se deixam ser guiadas por Deus ilustram muito bem o interesse do próprio Criador, que vai até as últimas consequências para redimir quem ele criou.

Senhor, oramos para que sua luz brilhe por intermédio de nossos filhos. Assim resplandeça sua luz diante dos homens, para que vejam suas boas obras e glorifiquem seu Pai, que está nos céus (cf. Mt 5,16).

A luz de Cristo, dentro de nossos filhos, não pode ser colocada debaixo da mesa. Queremos que nossos filhos não deixem a luz do Senhor escondida. Suas palavras e ações irão revelar a luz dentro deles, atrairão outros a Cristo e se estabelecerão nas comunidades. Esse deve ser o desejo de cada mãe que reza por seus filhos.

"Não se aflijam por nada. Que as necessidades de vocês sejam conhecidas diante de Deus, por meio da oração e da súplica, com ação de graças" (cf. Fl 4,6).

Há um enorme número de crianças que estão cheias de preocupações, de problemas familiares e, na situação em que o mundo se encontra hoje, cercadas de violência e maldade. Devemos orar para que elas cresçam confiando em Deus para mantê-las e prepará-las para o futuro. Ensinar nossos filhos a orar a Deus, regularmente, com seus pedidos, tanto pequenos como grandes, ajuda-os a construir uma fé fortalecida em Deus.

As mães oram para que os filhos "cresçam na graça e no conhecimento de nosso Senhor e Salvador Jesus Cristo. A ele pertence a glória, agora e até a eternidade. Amém" (cf. 2Pd 3,18).

A consciência da graça e o conhecimento de Deus dependem de como os filhos estão conhecendo a Bíblia. Quanto menos eles sabem, menos vão crescer. Contudo, quanto mais eles sabem, meditam e aplicam a Palavra de Deus em sua vida cotidiana, mais eles irão crescer espiritualmente e se tornarão os maiores influenciadores daqueles que Deus colocou a seu redor.

Vocês estão orando por seus filhos todos os dias? Como pais e avós, vocês não podem dar lugar às tentações por negligenciarem os momentos de oração. Orando pelos filhos, com a oração do Terço e com os versículos bíblicos, podem-se fortalecer a fé e se espiritualidade deles.

A dimensão ética de ser mãe

A dimensão ética é uma questão que não deveria ser esquecida na maternidade. Os filhos serão moldados pelas atitudes proativas e sociais de seus pais. A sociedade se constrói dentro dos lares.

A mulher contemporânea encontra-se dividida entre dois princípios de "realização", a maternidade e a profissão, muitas vezes considerados incompatíveis entre si. A ascensão das mulheres ao espaço público da política e da economia pressupõe a emancipação, ainda que parcial, do espaço privado do lar, de acordo com as lutas de igualdade política e econômica, baseadas na dignidade universal da pessoa humana, independentemente do sexo.

Essa situação pode gerar entraves no cuidado dos filhos, se eles são deixados em segundo plano. "As mães são as maiores responsáveis pela formação das crianças, vinculadas a elas por um laço afetivo incomparável de interdependência e amor. Sem elas, corremos o risco de impedir o amadurecimento psicológico e social da próxima geração" (cf. Jornal *O Liberal*, 14 de maio 2017).

Enaltecer a maternidade, portanto, deve ser prioridade, em qualquer sociedade consciente do desafio da educação moral das crianças, da qual dependem o bem comum e a convivência social harmônica. A mãe é a principal formadora dos filhos. Mas em que consiste esse papel insubstituível?

Os bons valores devem ser aprendidos ainda na infância e transmitidos de pais para filhos, como uma herança. Só assim é possível garantir que as crianças de hoje se tornem adultos melhores amanhã. Fraternidade, humildade, cortesia, otimismo, solidariedade, ousadia, lealdade, compaixão, flexibilidade, tolerância, respeito pelos mais velhos e integridade são alguns dos valores que as crianças devem aprender desde cedo em casa. Os pais se tornam, com isso, a grande escola.

Hoje, fala-se muito em *bullying*. Talvez, essas crianças não aprenderam, em casa, o respeito pelos semelhantes que se diferem no comportamento, nos hábitos e nas atitudes. Colocar o outro em situação de inferioridade por meio de uma prática humilhante, intencionalmente ou não, fere a dignidade do sujeito e pode configurar uma situação de abuso de poder.

O *bullying* é, sim, um problema crônico na escola. Não surgiu ontem nem será eliminado amanhã. As famílias devem intervir. Mães que rezam pelos filhos não podem deixar de tocar nesse assunto e, não somente, rezar. Temos de agir educadamente.[4]

Está comprovado que as crianças aprendem, principalmente, com o exemplo. Se os pais querem ensinar seus filhos a serem crianças responsáveis, honradas e boas, devem assegurar-se de que também o são.

De nada adianta ensinar conceitos de honestidade a uma criança, se ela não tem, em casa, o exemplo. A melhor forma de ensinar valores morais e éticos é vivê-

[4] Maués, Denio. *Bullying* – que brincadeira é essa? Paulus Editora, p. 104 , 2012. O autor oferece uma rica reflexão sobre essa dor silenciosa e de marcas profundas. O texto é uma peça teatral que reflete essa triste realidade em nossos dias.

-los todos os dias e compartilhá-los em família, pois as crianças aprendem mais observando do que ouvindo. Os pais podem ter a certeza de que os filhos os observam agindo de forma positiva e honesta nas situações do dia a dia. É importante ajudá-los a entender esta regra de ouro: quando tratamos os outros com respeito, recebemos o mesmo em troca.

Papa Francisco, quando esteve no Brasil, em 2012, usou uma expressão bem conhecida por nós: "Os filhos são a menina dos nossos olhos". Com essa mensagem em mente, os pais devem cuidar da educação dos filhos, sem abrir mão do exemplo, que arrasta os filhos à admiração!

5
As padroeiras das mães que rezam pelos filhos

Podemos dizer que temos duas padroeiras singulares para o movimento das mães que rezam pelos filhos. A primeira é prefigurada na imagem de Maria, com o título de Salete, e, a segunda, é nada mais que a mãe de Santo Agostinho: Santa Mônica.

Em cada uma dessas expressões, encontramos uma razão para tê-las como patronas do movimento de oração. A espiritualidade guardará essas duas vidas como expressões de acolhimento por todas as mães que rezam por seus filhos.

Algumas mães são mais motivadas pelas dificuldades que encontraram na educação de seus filhos e outras, pela pura razão de tornarem-se orantes nessa causa em comunhão com as demais mães.

Vamos, de forma resumida, trazer essas duas histórias para a identificação e catequese.

Padroeiras do Movimento das Mães que rezam por seus filhos

A padroeira principal é Nossa Senhora da Salete, uma mãe que se apresenta chorando por todos aqueles filhos que lhe foram dados; já faz muito tempo que ela sofre e intercede por todos os filhos do mundo.

A copadroeira é Santa Mônica, uma mãe que orou por seu filho durante anos a fio, assim como as mães desse movimento que intercedem pelos seus.

A padroeira, considerada protetora, defensora, é uma espécie de madrinha (madroeira) do movimento de espiritualidade, sem muitas pretensões; é aquela para se observar sua importância. Nossa Senhora Aparecida é considerada a Padroeira do Brasil; o Rio de Janeiro tem como seu santo padroeiro São Sebastião; na Arquidiocese de Niterói, o padroeiro é São João Batista e assim por diante...

A palavra padroeira evoluiu de *Patronariu* para *Patronus*, "patrono", aquele que protege e que defende.

Vamos conhecer as histórias das santas padroeiras do movimento.

a) Nossa Senhora da Salete

Nossa Senhora da Salete (ou *de la Salette*) é a invocação dada à Virgem Maria em suas aparições na montanha de La Salette, departamento de Isère, na região dos Alpes franceses. Nossa Senhora apareceu no dia 19 de setembro de 1846 a duas crianças: Maximino Giraud, com 11 anos, e Mélanie Calvat, com 15 anos.

Naquele tempo, muitas crianças da zona rural eram empregadas como pastoras entre a primavera e o outono, a serviço de outras famílias mais abastadas, donas de alguns animais.

A figura, por meio da qual a Virgem se apresenta às crianças, é muito estranha e suas vestes representam algo assustador. Nossa Senhora traz uma cruz em seu peito, de um lado um martelo e, de outro, um alicate. O martelo representa o pecado de todos, que pregaram ainda mais Jesus na cruz; e o alicate, as orações do povo pedindo que, tirando os pregos, Jesus fosse aliviado um pouco de suas dores. Seu traje de camponesa é revestido das correntes trazidas sobre os ombros, e na cabeça traz um diadema.

Ao mostrar-se em uma visão, Nossa Senhora apresentou uma fisionomia muito triste de quem estava chorando. Preocupada, dirigiu aos jovens mensagens de alerta, recomendando a conversão e a submissão à vontade de Deus, o respeito aos preceitos de sua lei, mais religiosidade, mais dedicação à oração e à espiritualidade pessoal.

A Virgem Maria apareceu na montanha de La Salette, tal como em Lourdes (1858); no Brasil em (1717); e em Fátima (1917). Nessa aparição, ela trouxe avisos, profecias e alertas para toda a humanidade e, no relato das crianças, afirmaram que a "Belle Dame" estava triste e chorando, com seu rosto descansando em suas mãos.[5]

Uma mãe sempre conversa, chama atenção, adverte, dá uma palmada, pede, insiste e, somente quando se esgotam todas as formas, todas as maneiras... ela chora, como último recurso de amor.

E foi assim com Maria, em Salete. Ela chorou após várias outras tentativas para nos acordar do mundo do pecado, da maldade, da injustiça, em que muitos de nós entramos e não queremos ou não conseguimos mais sair.

Ela chorou porque, muitas vezes, nós não correspondemos ao apelo de seu Filho. Não o amamos como

---

[5] Abdo, Angela, *Mães que oram pelos filhos*. Tudo pode ser mudado pela força da oração. Editora Canção Nova, 2014. O livro *Mães que oram pelos filhos* teve como base as experiências e aprendizagens das mães que participam do grupo de mães que oram pelos filhos, da paróquia São Camilo de Léllis (ES). Conforme se envolviam com o grupo, essas mães se entregavam mais confiantemente à ação de Deus, compreenderam que não há oração mais poderosa do que a de uma mãe que intercede por seu filho e perceberam que essa compreensão era capaz de transformar sua vida e a de suas famílias. Nessa obra, as mães que participam do grupo compartilham suas motivações, as dificuldades que enfrentaram e as bênçãos que receberam do Senhor e dão dicas que poderão ajudar mulheres de diversas outras regiões a se envolverem na batalha espiritual de proteção aos filhos, que elas mesmas travam todos os dias... (da *introdução*).

ele nos amou, não somos capazes de ter um coração voltado e agradecido por tudo que seu Filho fez e faz para cada um de nós. A bela senhora pôs-se de pé e disse: "Vinde, meus filhos, não tenhais medo, aqui estou para vos contar uma grande novidade!"

E, novamente, as duas crianças, em conjunto, ouviram as seguintes palavras: "Se se converterem, as pedras e os rochedos se transformarão em montões de trigo, e as batatinhas serão semeadas nos roçados". E a Bela Senhora concluiu, não mais em *patois* (no dialeto), e sim em francês: "Pois bem, meus filhos, transmitireis isso a todo o meu povo", terminando, assim, a aparição. Mais tarde, as crianças afirmaram: "Ela chorou durante todo o tempo em que nos falou". As lágrimas caíam e se desfaziam na luz.

A principal vidência que se percebe, ao longo de toda a mensagem de Nossa Senhora da Salete, é a perda de fé das pessoas e o mergulho nas trevas do erro, por aqueles que não mais ouvem o Evangelho de seu Filho. As pessoas estão perdendo o referencial da vida cristã.

Em Salete, Maria aparece como mãe que chora convocando-nos à conversão e, como serva de Deus e de seu povo, veste-se de camponesa para nos ensinar a humildade e o serviço. Mas qual o motivo de suas lágrimas?

As revelações de Salete se restringem a dois pontos cruciais para a Igreja: a crise ecológica, como demanda da natureza e que, dificilmente, conseguimos enxergar, e a crise moral dos sacerdotes ("Os pecados das pessoas consagradas a Deus clamam ao céu").

Dando ênfase às reflexões, Angela Abdo as resume em seu livro em cinco pontos: (nós reinterpretamos os textos, a seguir):

Reconciliação. Maria diz, em primeiro lugar, às duas crianças: "Vinde, não tenhais medo". Chora por causa da falta de conversão dos corações a seu Filho. E se queixa: "Se meu povo não quer se submeter, sou forçada a deixar cair a mão de meu Filho. Ela é tão forte e pesada que não posso mais retê-la. Há quanto tempo sofro por vocês! Se quero que meu Filho não os abandone, sou obrigada a suplicá-lo incessantemente. E vocês nem se importam com isso. Por mais que rezem, por mais que façam, jamais poderão recompensar a aflição que tenho sofrido por vocês".

A Virgem continua: "Vinde reconciliar-vos com meu Filho, com vosso Deus, vinde ao encontro daquele que vos ama e que vocês vivem a fugir dele. Vinde reconciliar-vos com os irmãos, com a Igreja, com quem sofre. No coração de Jesus não há lugar para a rejeição de quem precisa de Deus. Quem a Deus procura de boa vontade, jamais será rejeitado, pois ele é amor".

Oração. Maria pergunta, hoje, a cada um de nós: "Fazeis bem vossa oração, meus filhos?" Será que um dos motivos de suas lágrimas não é, justamente, a falta de oração, em casa, na família, na igreja, na sociedade?

Nossa Senhora é uma Mãe boníssima e nos diz: "Ah! Meus filhos, é preciso fazê-la bem, à noite e de manhã, dizendo ao menos um Pai-nosso e uma Ave-Maria, quando não puderdes fazer melhor. Quando puderdes fazer melhor, dizei mais".

Apenas um Pai-nosso e uma Ave-Maria. E, com certeza, como cristãos, podemos fazer mais do que isso. Na maioria das vezes, para muitos, a oração torna-se tão pesada e demorada. Perde-se o gosto pela oração.

Eucaristia. A Virgem continua explicando por que chora: "Dei-vos seis dias para trabalhar. Reservei-me o sétimo, e não me querem conceder. É isso que torna tão pesado o braço de meu Filho! Durante o verão, só algumas mulheres mais idosas vão à missa e, durante o inverno, quando não sabem o que fazer, só vão à missa para zombar da religião".

Será que nós fazemos do domingo o centro de nossa vida? Será que nossa prioridade é participar da Santa Missa? Será que nos reunimos no dia do Senhor para nos fazermos mais cristãos e mais irmãos? O que fazemos no "dia do Senhor"?

Penitência. Quantos no mundo de hoje que não reconhecem mais a necessidade de penitenciar-se, de jejuar, de reparar o pecado? "Durante a Quaresma vão ao açougue como cães", diz a Mãe de Jesus. Nós ainda não somos Santos. Precisamos buscar, com regularidade, o sacramento da reconciliação.

É isso que Maria quer nos ensinar quando reclama que tantos comem carne em lugar de recolherem-se em oração e acompanhar Jesus rumo ao Calvário, em lugar de se unirem com os irmãos sofredores do mundo inteiro. A penitência faz parte da vida cristã. Eleger alguns dias durante o ano para penitência faz parte do crescimento espiritual do cristão.

Missão. Depois de reconciliados, é preciso levar a reconciliação aos irmãos. "Vamos, meus filhos, transmiti isso a todo o meu povo!" É Deus mesmo que, por intermédio de sua Mãe, nos pede: ide e anunciai o Evangelho; ide e vivei em vossa vida o Evangelho; ide e não tenhais medo de testemunhar vossa fé; vão, filhos meus, convertei-vos para converter.

Quem quer seguir os passos de Jesus não pode ficar parado, não pode ter uma fé fraca, não pode ter medo, embora existam muitas dúvidas. No Evangelho, Jesus ensina algumas lições (cf. Lc 14,25-33) àqueles que desejam seu seguimento.

As "revelações" de Salete foram bastante práticas e atingiram a realidade da Igreja daquele momento, mas continuam na atualidade. Bom conteúdo de revisão e de exame de consciência.

Jesus nos revelou, e repetiu pela boca de Nossa Senhora, que precisamos rezar (contou também uma parábola sobre o dever de orar sempre e nunca desfalecer, cf. Lc 18,1). Sem a oração, não teremos forças para cumprir mandamento algum. Jesus é o exemplo de que a oração é necessária para estarmos conectados com Deus. A parábola da viúva e o juiz, que Jesus contou a seus discípulos e às pessoas que estavam ali naquele lugar, trata sobre o dever de orar sempre e nunca desfalecer (cf. Lc 18,1-8).

As orações, "ah, meus filhos, é preciso fazê-las, à noite e pela manhã", disse a Virgem aos videntes de La Salette. "Quando não puderem fazer melhor, rezem ao menos um Pai-nosso e uma Ave-Maria; e quando tiverem mais tempo e puderem fazer melhor, rezem-nos por mais tempo".

Hoje, as mães choram pelos filhos, para livrá-los dos vícios do mundo, para trazê-los para perto de Deus; choram desejando cada vez mais o melhor para seus filhos; choram pela dor que os aflige no mundo. Cada mãe tem uma causa única para seu choro, mas todas as mães desejam sempre a mesma coisa: o bem para seus filhos.

Em visita a seu santuário em La Salette (4 de maio de 2000), São João Paulo II disse em sua homilia: "Neste lugar, Maria, a mãe sempre amorosa, mostrou sua dor pelo mal moral causado pela humanidade. Suas lágrimas nos ajudam a entender a gravidade do pecado e a rejeição a Deus, enquanto manifestam ao mesmo tempo a apaixonada fidelidade que seu Filho mantém com relação a cada pessoa, embora seu amor redentor esteja marcado com as feridas da traição e do abandono dos homens.

Pelas lágrimas de Maria, nossa mãe, peçamos ao Senhor a graça de chorar pela indiferença e crueldade que há no mundo e em nós. A vida de Jesus nos foi recordada por Maria, em Salete, para nos ensinar que sem ele nada podemos fazer.

Maria, em Salette, chorou por nosso pecado, por nossa infidelidade, por nossa indiferença. Será que, hoje, ela continua a chorar pelos mesmos motivos?[6] Peçamos à Virgem da Salete que interceda por nós, junto a seu filho Jesus, pois, apesar de se passarem anos, suas mensagens continuam atuais para nossos dias, apenas com a diferença de simbolismos.

---

[6] Outras referências de consulta. 1. A Aparição da Santíssima Virgem na Montanha de La Salette, em 19 de setembro de 1846. In: Léon Bloy, *Aquela que chora* – e outros textos sobre Nossa Senhora da Salete (trad. de Roberto Mallet), Campinas: Ecclesiae, 2016, p. 149-150; 2. Ibid., p. 155-159; 3. Ibid., p. 161 e 164. Cf. Papa Pio XII, *Radiomensagem* ao Congresso Eucarístico dos Estados Unidos, 26 de outubro de 1946. SÁ FREIRE, Rita de: *Nossa Senhora Auxílio dos Cristãos*: Títulos Orações e Devoções. Ed. Petrus: 2010. São Paulo, p. 57-58.

b) Santa Mônica

Doutora da Igreja, era cheia de preocupações com o filho, um estudante brilhante e um jovem hedonista. Mulher cristã casada com um pagão, Mônica acompanhou a jornada de seu filho e orou, fielmente, por sua conversão a Cristo.

Por muitos anos, ela rezou para que o coração e a mente de Agostinho fossem abertos e para que ele pudesse ter um encontro autêntico com Cristo e, assim, ser reformado e reorientado para a vontade de Deus.

Sua atenção se voltava para a recepção do santo batismo, o qual Agostinho sempre protelava. Mônica, devido às circunstâncias de sua família (esposo), deixou Agostinho crescer para decidir, pois isso, inclusive, era comum em seu tempo. Era o tempo dos catecúmenos!

Sua fidelidade foi compensada, e em uma das partes mais emocionantes do livro "Confissões", de Santo Agostinho, ele relatou quão claramente Mônica identificava-se com sua missão de vida, que foi a de encaminhar seu filho para a fé em Cristo.

Santa Mônica tinha três filhos. E passou a interceder, de forma especial, por Agostinho, dotado de muita inteligência e uma inquieta busca da verdade, o que fez com que resolvesse procurar as respostas e a felicidade fora da Igreja de Cristo. Mais que o cuidar de seu filho, Agostinho resplendecia no plano de Deus, que preparava aquele Instrumento para o futuro da Igreja (como podemos admirar nos dias de hoje, depois de tantos séculos).

Por isso se envolveu em meias-verdades e muitas mentiras. Contudo, a mãe, fervorosa e fiel, nunca deixou de interceder com amor e ardor, durante 33 anos, e antes de morrer, em 387, ela mesma disse ao filho, já convertido e cristão: "Uma única coisa me fazia desejar viver ainda um pouco, ver-te cristão antes de morrer".

Por essa razão, o filho Santo Agostinho, que se tornara Bispo e Doutor da Igreja, pôde escrever: "Ela me gerou seja em sua carne para que eu viesse à luz do tempo, seja com seu coração para que eu nascesse à luz da eternidade".

Em Óstia, na Itália, ela derramou seu coração em amorosa maternidade e disse-lhe com admiração: "Filho, em minha opinião, nada nesta vida agora me dá prazer. Não sei por que ainda estou aqui, já que não tenho mais desejos neste mundo. Eu tinha um motivo para querer viver um pouco mais: ver você se tornar cristão antes de morrer. Deus me concedeu essa graça, pois eu sei que você até mesmo renunciou à felicidade terrena para ser servo dele. Então, o que estou fazendo aqui?"

Dias depois, ela ficou doente com febre e disse a Agostinho e seu irmão para que a enterrassem e não se preocupassem com seus restos mortais. Porém, pediu-lhes um favor: "Que vocês se lembrem de mim no altar do Senhor, onde quer que estejam".

Santa Mônica é a padroeira das pessoas que se encontram em casamentos difíceis, das crianças complicadas e da conversão de parentes, particularmente os próprios filhos. Ela é a consoladora amiga do céu, que entende inteiramente o desespero dos pais que se sentem indefesos e confusos, quando observam seus filhos se afastarem da Igreja.

Mônica orava e jejuava para que seus filhos conhecessem Jesus Cristo. Por isso ela é a poderosa companheira e intercessora de todos os que se sentem atormentados pelas "jornadas" difíceis de seus filhos. Mônica não somente orava pelo filho, mas o acompanhava passo a passo e não desistiu dele até o fim.

O que Santo Agostinho testemunhou e, confessando, disse sobre sua mãe: "Mas estendeste tua mão do alto e arrancaste minha alma deste abismo de trevas, enquanto minha mãe, tua fiel serva, chorava-me diante de ti muito mais do que as outras mães costumam chorar sobre o cadáver dos filhos, pois via a morte de minha alma com a fé e o espírito que havia recebido de ti. E tu a escutaste, Senhor, tu a ouviste e não desprezaste suas lágrimas que, brotando copiosas, regavam o solo debaixo de seus olhos por onde fazia sua oração; sim, tu a escutaste, Senhor".

Santa Mônica faleceu no ano 387, aos 56 anos. Deixou para todas as mães o ensinamento de que, além de educar os filhos, para viverem em sociedade, é preciso também os educar para Deus, desenvolvendo neles a vida espiritual. Santa Mônica ensinou que mães e pais devem preocupar-se com a salvação e santificação de seus filhos.

Foi declarada Padroeira das Associações das Mães Cristãs. Sua festa é comemorada no dia 27 de agosto de cada ano.

***

Vamos entender de outro modo Mônica e Agostinho na linha da compreensão das mães que rezam pelos filhos e descobrir a razão de Mônica se ocupar, de modo especial, de Agostinho. Vamos conhecer um pouco mais sobre essa mãe que conseguiu a conversão de seu filho por meio do poder da oração perseverante.

Mônica era uma cristã ocupada com a conversão de sua família e orava por seu esposo, Patrício, que era pagão e violento; orava também por seus filhos, principalmente, pelo mais velho, Agostinho, que vivia no vício e no pecado.

Agostinho era dotado de muita inteligência e uma inquieta busca da verdade, o que fez com que resolvesse procurar as respostas e a felicidade fora da Igreja de Cristo. Por isso, envolveu-se em meias-verdades e muitas mentiras.

Embora não lhe deixasse faltar bons conselhos e apesar de educá-lo nos princípios da religião cristã, a vivacidade, a inconstância e a volubilidade do filho inspiravam à boa mãe sérios cuidados e abriram-lhe uma expectativa pouco lisonjeira para o futuro do menino.

Por esse motivo, e temendo que perdesse a graça do Batismo, não o apresentou para ser batizado. Os fatos provaram como eram fundados os receios da mãe. Agostinho, desde os verdes anos, inclinou-se para o mal e, mais tarde, filiou-se à seita dos Maniqueus.

Dezessete anos contava Agostinho quando perdeu o pai. Para continuar os estudos, dirigiu-se para Cartago. O coração de Mônica sofreu, atrozmente, com as notícias desoladoras que, continuamente, recebia do filho. Tão magoada ficou que chegou a fechar a este a porta de sua casa. Deus, porém, consolou-a em visões misteriosas, mostrando-lhe a futura conversão de Agostinho.

Depois que ficou viúva, continuou sofrendo com as desventuras de seu filho mais rebelde à graça, inteligente, mas totalmente cético aos desígnios divinos. Foi por ele que ela rezou e chorou. Não o abandonou nunca, esteve sempre a seu lado. Doce e discreta, para não o perder de vista, seguiu-o nas várias peregrinações que fez à Itália.

Diz sua biografia que, certa vez, chorando sua dor ao bispo de Tagaste, este disse a ela uma palavra que serve para todas as mães que choram por filhos "perdidos": "O coração de teu filho não está ainda preparado, mas Deus determinará o momento certo. Vai e continua a rezar: é impossível que se perca um filho de tantas lágrimas".

E Deus, vendo o sofrimento de sua serva, não permitiu "que o filho daquelas lágrimas se perdesse". E, depois de aproximadamente 30 anos de sofrimento, Mônica viu seu filho convertido e batizado.

Confortada dessa sorte, consentiu que tornasse a morar em sua casa e lhe assentasse à mesa. Sua perseverança foi tão marcante que ela rezou durante trinta anos pela conversão de Agostinho sem desanimar. E suas orações foram ouvidas: seu filho mais velho tornou-se o famoso Santo Agostinho, o santo que influenciou todo o Ocidente cristão e influencia até hoje.

Quando escreveu sobre sua mãe, entre outras coisas, ele disse: "Ela foi o meu alicerce espiritual, que me conduziu em direção à fé verdadeira. Minha mãe foi a intermediária entre mim e Deus".

Santa Mônica é o símbolo da força de uma mulher de fé, que, quando quer manter sua família no caminho de Deus, é indestrutível. Nem o tempo é capaz de fazê-la desistir. Este é o testemunho de vida que Santa Mônica deu para a humanidade: da mulher forte, da mulher de fé inabalável, da mulher que ama de verdade, da mulher que persevera até o fim.

Santo Agostinho, em seu famoso livro autobiográfico intitulado *Confissões*, fez um monumento indelével à memória de sua mãe.

O corpo de Santa Mônica foi descoberto em 1430. O papa Martinho V transportou-o para Roma e depositou-

-o na igreja de Santo Agostinho. Ela foi canonizada pelo papa Alexandre III (1159-1181), por ter sido a responsável pela conversão de Santo Agostinho, ensinando a fé cristã, a moral e a mansidão.

Peçamos a intercessão de Santa Mônica para que, com a paciência dos santos, possamos orar pela conversão de nossos filhos e que consigamos educá-los na doutrina do amor e do temor a Deus.

6
A oração do Terço de Nossa Senhora

A devoção mariana mais indicada, na espiritualidade cristã, é a oração do Terço. Muitos católicos estão passando por algumas situações complicadas no que diz respeito a sua fé, devido a uma infinidade de devocionais que estão aparecendo sobre Nossa Senhora.

Nesses últimos tempos (décadas), houve um grande surto de "aparições" de Maria em vários lugares, as quais não estão agregando valores religiosos, e de videntes. Cada uma deseja "enviar" uma mensagem diferente para atrair adeptos e interessados. Perdeu-se o critério de fé na devoção mariana. Os católicos ficam confusos e sem orientação diante da variedade de modos de apresentar Maria para o povo.

A Igreja tem dificuldade de dar um basta em todas as "aparições" modernas. Existe um verdadeiro surto de pessoas que se aventuram na busca do Sagrado de forma desregrada, e isso está provocando um desequilíbrio na doutrina por falta de discernimento.

São poucas as "visões" e "mensagens" de Nossa Senhora, reconhecidas e aprovadas pela Igreja. Mesmo a situação de Medjugorje, no Sul da Bósnia e Herzegovina, onde, alegadamente, estão a ocorrer as mais recentes aparições da Virgem Maria, a Igreja não as aprova nem as reconhece. Ultimamente, tem permitido a visita peregrinante, com cautela.

Aqui, nesse caso, a Igreja não poderá imitir uma palavra de aprovação ou de condenação a seu respeito. As chamadas revelações ainda continuam, por isso não há um parecer doutrinário sobre os fatos.

O que devemos entender é aquilo que a Igreja ensina e nada mais. Não se deixar levar por vidências e profecias sobre Nossa Senhora. "O Rosário é, ao mesmo tempo, meditação e súplica", escreveu São João Paulo II. A imploração insistente da Mãe de Deus apoia-se na confiança de que sua materna intercessão tudo pode no coração do Filho (cf. RVM, 16c).

São João Paulo II escreveu em sua *Carta Apostólica* sobre o Rosário: "O Rosário é, por natureza, uma oração pela paz, pois consiste na contemplação de Cristo, o Príncipe da paz, aquele que é nossa paz".[7]

O Rosário é, também, uma oração pela paz por causa dos frutos da caridade que produz... Por sua natureza de insistente petição em harmonia com o convite de Cristo de "rezar incessantemente", o Rosário nos permite esperar que, ainda hoje, a difícil "batalha" pela paz pode ser vencida.

Os que abandonam a oração do Terço e não tomam, diariamente, parte no Santo Sacrifício da Missa, nada têm que os sustente, acabando por se perderem no materialismo da vida terrena. Entretanto, a Serva de Deus, Irmã Lúcia, afirma: "Rezar o Terço é acessível a todos, pobres e ricos, sábios e ignorantes, grandes e pequenos", em qualquer lugar, comunitariamente ou sozinhos, e em diferentes momentos.

A oração do Terço (ou Rosário) é uma oração secular da Igreja. Somente um coração casto, humilde e de fé

[7] Carta Apostólica *Rosarium Virginis Mariae* do sumo pontífice João Paulo II ao episcopado, ao clero e aos fiéis sobre o Rosário. Vaticano, 16 de outubro de 2002, início do vigésimo quinto ano de Pontificado. "O Rosário, de fato, ainda que caracterizado por sua fisionomia mariana, em seu âmago é oração cristológica. Na sobriedade de seus elementos, concentra a profundidade de toda a mensagem evangélica, da qual é quase um compêndio. Nele ecoa a oração de Maria, seu perene Magnificat pela obra da Encarnação redentora iniciada em seu ventre virginal. Com ele, o povo cristão frequenta a escola de Maria, para deixar-se introduzir na contemplação da beleza do rosto de Cristo e na experiência da profundidade de seu amor. Mediante o Rosário, o crente alcança a graça em abundância, como se a recebesse das mesmas mãos da Mãe do Redentor" (*RVM*, n. 1ª).

compreende o valor dessa oração, que é destinada aos que buscam ter um coração puro como de uma criança.

A oração do Terço é recomendada pela Igreja há muitos séculos. "Rezem o Terço todos os dias", indicava Nossa Senhora em Fátima, Portugal. Por que, entre tantas coisas que Nossa Senhora podia pedir durante suas aparições em Fátima, ela insistiu, justamente, na oração diária do Rosário?

A Irmã Lúcia responde a uma pergunta que lhe foi feita muitas vezes desde que Nossa Senhora lhe apareceu em Fátima: "Qual terá sido o motivo pelo qual Nossa Senhora nos mandou rezar o Terço todos os dias, e não nos mandou, todos os dias, assistirmos à Santa Missa e dela tomarmos parte?

Existiriam várias respostas ou poderíamos dar algumas interpretações. Naquela época (1917), não era fácil ir à missa. A distância e as dificuldades de locomoção colocavam alguns obstáculos para a prática da missa dominical. Não podemos dar uma resposta rápida, como se estivéssemos vivendo no tempo atual, em que encontramos facilidades de nos locomovermos.

A oração do Terço é simples, fácil e prática. Todos podem rezar em qualquer e todo lugar. Desde estar diante do Santíssimo em uma grande catedral, como em família, no trânsito, no intervalo do café e assim por diante. É uma oração que se adequa a todo e qualquer momento. Basta o desejo de estar em união com Deus.

Enfim, para dirimir alguma dificuldade de compreensão, qual a diferença entre Terço e Rosário?

O Santo Rosário é uma das mais antigas tradições da Igreja Católica, tendo sido apresentada ao mundo por São Domingos Gusmão, no século XIII, após um pedido de Nossa Senhora do Rosário que lhe foi feito, pois já era uma prática comum dentro dos conventos e mosteiros.

Durante muito tempo, o Santo Rosário foi composto de 150 orações, até que, em 2002, São João Paulo II acrescentou mais um grupo de 5 mistérios, com mais 50 orações, passando para 200.

Por que o nome Rosário?

De acordo com a tradição católica, o nome de Rosário foi dado porque cada Ave-Maria que rezamos representa uma rosa a Nossa Senhora, e, ao final, completamos um lindo buquê de 200 rosas à Virgem Santíssima.

E o Terço?

O Terço tem esse nome porque, tradicionalmente, rezava-se 1 Terço do Rosário, ou seja, 50 orações em vez de 150 (e mais tarde, 200). Muitos perguntam por que ainda se chama Terço já que, atualmente, o Rosário tem 200 orações, e o correto seria dizer "Quarto", já que rezamos um quarto de orações.

A resposta é simples: o Terço faz parte de uma tradição antiga, assim o nome ultrapassa seu significado matemático e tem seu significado histórico na fé.

Irmã Lúcia afirma que, depois da Santa Missa, rezar o Terço – levando em consideração sua origem, as orações que contém e os mistérios que se meditam – "é a forma de oração mais agradável que podemos oferecer a Deus e de maior proveito para nossas almas".

"Se não fosse assim, Nossa Senhora não teria recomendado isso com tanta insistência", sublinhou. O Terço "nos leva ao encontro familiar com Deus, como o filho que vai ter com seu pai para lhe agradecer os benefícios recebidos, tratar com ele seus assuntos particulares, receber sua orientação, sua ajuda, seu apoio e sua bênção".

O Terço de Nossa Senhora

O papa João Paulo II minutou uma Carta sobre a importância da oração do Rosário (16 de outubro de 2002, cf. *nota 5*) e, lá pelo meio, escreveu:

"O Rosário, precisamente a partir da experiência de Maria, é uma oração marcadamente contemplativa. Privado desta dimensão perderia sentido, como sublinhava Paulo VI: 'Sem contemplação, o Rosário é um corpo sem alma e sua recitação corre o perigo de tornar-se uma repetição mecânica de fórmulas e de vir a achar-se em contradição com a advertência de Jesus: na oração não sejais palavrosos como os gentios, que imaginam que hão de ser ouvidos graças a sua verbosidade' (Mt 6,7)".

"Por sua natureza, a recitação do Rosário requer um ritmo tranquilo e certa demora a pensar, que favoreçam, naquele que ora, a meditação dos mistérios da vida do Senhor, vistos por meio do Coração daquela que mais de perto esteve em contato com o mesmo Senhor, e que abram o acesso a suas insondáveis riquezas" (*RVM*, 12).

Nessa Carta, em que o Santo Pontífice apresentou à Igreja mais cinco momentos significativos da vida de Cristo: os mistérios luminosos, assim lembrou-nos:

"Passando da infância e da vida de Nazaré à vida pública de Jesus, a contemplação nos leva aos mistérios de Cristo e à luz. Ele é 'a luz do mundo'. Mas esta dimensão se manifesta, sobretudo, nos anos da vida pública, quando anuncia o Evangelho do Reino".

"Desejando indicar à comunidade cristã cinco momentos significativos – mistérios 'luminosos' – desta fase da vida de Cristo, penso que se possam assinalar: 1º seu Batismo no Jordão; 2º sua autorrevelação nas bodas de Caná; 3º seu anúncio do Reino de Deus convidando à conversão; 4º sua transfiguração; e 5º a instituição da Eucaristia, expressão sacramental do mistério pascal" (*RVM*, 21).

Visto assim, temos cinco mistérios no Santo Rosário. A difusão e posterior expansão do Rosário a Igreja atribui a São Domingos de Gusmão (século XII), conhecido como o "Apóstolo do Rosário", cuja devoção propagou aos católicos como arma contra o pecado e contra a heresia albigense, que assolava Toulose (França).

Apenas lembrando: o Terço que consiste em 50 Ave-Marias intercaladas por 10 Pai-nossos se mantém desde o pontificado do papa Pio V (1566-1572), que deu a forma definitiva ao Terço que conhecemos hoje (o Papa era religioso da Ordem de São Domingos).

Quanto às meditações, ressaltamos, porém, que, até o ano de 2002, cada Rosário, que era composto de três terços (150 Ave-Marias), passou a ser composto de quatro terços (portanto, 200 Ave-Marias no total). Foi quando o papa João Paulo II inseriu, nos mistérios existentes (gozosos, dolorosos e gloriosos), os mistérios "luminosos", que retratam a vida pública de Jesus.

Resumidamente, podemos dizer que o Rosário é um grande tesouro de fé e que, em síntese, guarda assim as meditações dos mistérios:

GOZOSOS: Anunciação do Anjo a Nossa Senhora até Jesus entre os doutores da lei.

LUMINOSOS: Batismo de Jesus no Jordão até a instituição da Eucaristia.

DOLOROSOS: Agonia de Jesus no Horto até sua Crucificação e Morte.

GLORIOSOS: Ressurreição de Jesus até a coroação de Nossa Senhora como Rainha dos céus e da terra.

Concretamente, é "uma das mais excelentes e eficazes orações em comum que a família cristã é convidada a rezar" (*Marialis Cultus*, 54). O Rosário em família é uma fonte de bens para todos, pois atrai a misericórdia de Deus sobre o lar.

Dizia São João Paulo II: "Tanto a recitação do Ângelus como a do Terço devem ser para todo cristão e muito mais para as famílias cristãs como que um oásis espiritual no decorrer do dia, para ganharem coragem e confiança" (Ângelus em Otranto – é uma comuna italiana da região da Puglia, 5/10/1980).

Enfim, a oração do Terço é um tipo de devocional fácil de praticar, e todos podem aderir a essa prática de forma bastante costumeira, pois pode-se rezar o Terço todos os dias e de muitas formas.

Apenas informando sobre o Terço. Conhecemos, em muitas paróquias do Brasil, a opção pelo "Movimento do Rosário Permanente" e o Terço dos Homens. Cada participante deve assumir o compromisso, com Nossa Senhora, de rezar contemplando todos os dias o mistério que lhe foi indicado e as intenções.

Uma devoção Mariana, com o desejo de evangelizar, por meio da oração do Rosário de Nossa Senhora, acorda a humanidade para a força da fé, a alegria da esperança e a civilização do amor.

"O Rosário é um tesouro de graças a nossa disposição. Por isso, sua oração não deve ser mecânica nem artificial. Rezemos o Rosário com o coração e com amor. Renovemos a oração do Rosário de maneira criativa e dinâmica" (Pe. Rodrigo Augusto, C.Ss.R.).

Veja um modelo para se seguir:

Oração do Rosário Perpétuo

Eu, *diz o seu nome*, ________________________, neste __________ mistério ____________________, contemplo ____________________. Peço a Maria que interceda a Jesus e abençoe todos os participantes do *Rosário Perpétuo* e seus familiares, concedendo-lhes graças. Peço também pela paz no mundo, pelas vocações missionárias, sacerdotais, religiosas e leigas, pela unidade dos cristãos, pelas famílias, pela conversão dos povos, pelos que sofrem doenças, fome e injustiças, pelo regresso dos filhos de Maria a sua Igreja, pelo Santo Padre, o Papa, e pela Igreja Católica, por meu filho espiritual (*dizer o nome*), pela consagração do Brasil a Nossa Senhora Aparecida, pela entronização dos Sagrados Corações de Jesus e Maria nos lares, pelas almas do purgatório.

Na maioria das reuniões do Terço dos Homens, não há nada que os detenha por mais tempo que a simples oração do Terço. Não há palestras, missas nem apresentações, somente a oração do Terço. Algo bem objetivo, ao modo masculino de fazer as coisas. E acontecem verdadeiras transformações radicais de vida:

homens abandonam seus vícios, abandonam a pornografia, o adultério, as falsas religiões, as seitas secretas e as práticas ilícitas; tornam-se mais presentes, atentos e carinhosos em casa.

Esse Terço transforma vidas. A partir de então, esses homens se voltam aos sacramentos, passam a ter uma vida mais próxima de Jesus, pois os prazeres mundanos, que os afastavam de Cristo, não têm mais significado na vida deles.

7
A contemplação dos mistérios do Terço

Existem diversas formas e modos de se rezar o Terço de Nossa Senhora. Criaram-se, também, uma variedade de terços temáticos, de acordo com a devoção e semelhantes. Não importa muito o modo como se reza o Terço. O importante é obedecer a uma intenção e respeitar a norma: as contas grandes e as pequenas (os que desejarem conhecer melhor essa variedade de terços, procurar a indicação na *nota* 2).

A oração do Terço com as mães que rezam pelos filhos segue o critério a seguir. Não é descabido rezar o Terço na forma tradicional, isto é: um Pai-nosso e dez Ave-Marias. Sempre ficará presente o critério: rezar pelos filhos obedecendo a um plural de "nossos filhos" e, jamais, usar a expressão "meu filho", apenas.

Mais abaixo podemos encontrar outras formas de jaculatórias para a oração do Terço em contas grandes e pequenas.

1ª DEZENA: contemplamos Deus Pai misericordioso, acolhendo o filho pecador que somos, cada um de nós, quando nos perdemos pelas estradas da vida. E disse o pai: "Porque este meu filho estava morto e voltou a viver, estava perdido e foi encontrado" (Lc 15,24).

– NAS CONTAS MAIORES REZAR: quem ama perdoa, eu quero perdoar... (*diz o nome da pessoa*). Nesse momento, poderão deixar uns instantes para se ouvir o nome dos filhos ou pronunciá-los, baixinho, sem a necessidade de se ouvir no grupo. Assim, em todos os mistérios do Terço.

– NAS CONTAS MENORES REZAR: por teu sangue derramado e Espírito misericordioso, liberta-me e melhora minha falta de perdão (10 vezes).

2ª DEZENA: contemplamos Nosso Senhor Jesus Cristo na missão do perdão, levando cura e salvação a todos os pecadores do mundo. E disse Jesus: "Seus pecados estão perdoados" (Lc 7,48).

– NAS CONTAS MAIORES REZAR: quem ama perdoa, eu quero perdoar... (*diz o nome da pessoa*).

– NAS CONTAS MENORES REZAR: por teu sangue derramado e Espírito misericordioso, liberta-me e repara minha falta de perdão (10 vezes).

3ª DEZENA: contemplamos o Espírito Santo, Advogado nosso, convencendo o mundo a respeito do pecado. E disse Jesus: "Os pecados daqueles que vocês perdoarem estarão perdoados. Os pecados daqueles que vocês não perdoarem não serão perdoados" (Jo 20,23).

– NAS CONTAS MAIORES REZAR: quem ama perdoa, eu quero perdoar... (*diz o nome da pessoa*).

– NAS CONTAS MENORES REZAR: por teu sangue derramado e Espírito misericordioso, liberta-me e repara minha falta de perdão (10 vezes).

4ª DEZENA: contemplamos Nossa Senhora da Salete, Reconciliadora dos pecadores, chorando pelos pecados da humanidade. E disse Maria: "Se quero que meu Filho não vos abandone, sou incumbida de suplicá-lo sem cessar" (Nossa Senhora da Salette).

– NAS CONTAS MAIORES REZAR: quem ama perdoa, eu quero perdoar... (*diz o nome da pessoa*).

– NAS CONTAS MENORES REZAR: por teu sangue derramado e Espírito misericordioso, liberta-me e repara minha falta de perdão (10 vezes).

5ª DEZENA: contemplamos o crucifixo de luz no peito de Nossa Senhora da Salete nos convidando a abandonar o martelo do pecado e a buscar a libertação. E disse Maria: "Se se converterem, as pedras e os rochedos se transformarão em montões de trigo" (da Salete).

– NAS CONTAS MAIORES REZAR: quem ama perdoa, eu quero perdoar... (*diz o nome da pessoa*).

– NAS CONTAS MENORES REZAR: por teu sangue derramado e Espírito misericordioso, liberta-me e repara minha falta de perdão (10 vezes).

ORAÇÃO FINAL: queremos, de joelhos, ver nossos filhos reconciliados e curados em vosso amor! Imploramos vossa bênção sobre nossas famílias. Deus mantende nossas famílias reconciliadas! (3x) *(Quem não puder estar de joelhos que o faça sentado ou de pé).*

Outra forma de se rezar o Terço

A forma tradicional da oração do Terço nos passos de Maria.

Certamente, você já sabe que Maria Santíssima apareceu seis vezes em Fátima, Portugal, onde ela transmitiu aos pastorinhos (Lúcia, Jacinta e Francisco) uma *mensagem profética*, importantíssima para aqueles dias. Mas, além de ela transmitir essa mensagem, também, fazia-lhes sempre o mesmo pedido. Ou seja, apesar da mensagem transmitida, ela, em todas as "aparições", deixou para o mundo um mesmo conselho: se querem alcançar a paz, então, rezem o Terço todos os dias!

Uma das principais riquezas da oração do Terço é que você une os pedidos constantes do Pai-Nosso e das Ave-Marias e, além disso, medita, de forma contínua, os mistérios sobre a vida de Jesus Cristo e de Maria.

Para cada dia da semana, medita-se um mistério do Terço. Com isso, completa-se a meditação sobre a vida de Jesus e de Maria no Terço inteiro. Dessa forma, pode-se rezar o segundo modo do Terço.

A partir da cruz do Terço, seguem-se as orações na sequência indicada:

– Inicia-se segurando pela cruz, com a oração do Credo *(Creio...)*.

– Reza-se um Pai-nosso, seguido de três Ave-Marias.

– Recita-se: Glória ao Pai, ao Filho...

– O Terço possui cinco dezenas. A cada dezena contempla-se o mistério, seguido de um Pai-Nosso e de dez Ave-Marias.

– Ao final de cada dezena, reza-se o Glória ao Pai, seguido da jaculatória: Oh! Meu bom Jesus... *(vide os mistérios abaixo)*.

– Ao concluir as cinco dezenas, reza-se o agradecimento do Terço.

7.1. Os mistérios do Terço

Em sua forma habitual, ele é composto de cinco mistérios, que representam cinco momentos de meditação sobre a vida de Jesus e de Maria, sua mãe, e a forma peregrinante de Jesus aqui na terra e aquilo que contemplaremos no céu.

São eles: mistérios gozosos, luminosos, dolorosos e gloriosos.

Mistérios Gozosos *(segunda-feira e sábado)*

No 1º mistério contemplamos – A Anunciação do Anjo e a Encarnação do Verbo no seio Puríssimo de Maria.

No 2º mistério contemplamos – A visitação de Maria a sua prima Santa Isabel.

No 3º mistério contemplamos – O nascimento do Menino Jesus na gruta fria em Belém.

No 4º mistério contemplamos – A apresentação do Menino Jesus no templo e a purificação de Maria.

No 5º mistério contemplamos – A perda e o encontro do Menino Jesus no templo discutindo com os doutores da Lei.

Mistérios Luminosos *(quinta-feira)*

No 1º mistério contemplamos – O Batismo de Nosso Senhor Jesus Cristo no Rio Jordão.

No 2º mistério contemplamos – O primeiro milagre de Nosso Senhor Jesus Cristo transformando a água em vinho nas bodas de Caná.

No 3º mistério contemplamos – A anunciação do Reino de Deus e o convite à conversão.

No 4º mistério contemplamos – A transfiguração de Nosso Senhor no Monte Tabor.

No 5º mistério contemplamos – A Instituição da Eucaristia na última ceia.

Mistérios Dolorosos *(terça e sexta-feira)*

No 1º mistério contemplamos – A oração e agonia no Horto das Oliveiras.

No 2º mistério contemplamos – A Flagelação de Nosso Senhor Jesus Cristo.

No 3º mistério contemplamos – A coroação de espinhos de Nosso Senhor Jesus Cristo.

No 4º mistério contemplamos – Nosso Senhor carregando a cruz nas costas a caminho do calvário.

No 5º mistério contemplamos – A crucifixão e morte de Nosso Senhor Jesus Cristo.

Mistérios Gloriosos *(quarta-feira e domingo)*

No 1º mistério contemplamos – A Ressurreição de Nosso Senhor Jesus Cristo.

No 2º mistério contemplamos – A Ascensão de Nosso Senhor Jesus Cristo.

No 3º mistério contemplamos – A descida do Espírito Santo sobre Nossa Senhora e os Apóstolos reunidos no Santo Cenáculo.

No 4º mistério contemplamos – A Assunção de Nossa Senhora aos Céus de corpo e alma.

No 5º mistério contemplamos – A Coroação de Nossa Senhora como Rainha do Céu e da Terra, dos Anjos e dos Homens.

7.2. Do modo de se rezar o Terço

Certamente, o leitor já rezou várias vezes o Terço em sua vida. Habitualmente, encontramos uma variedade de modos de se rezar o Terço. Aqui, em nosso caso, indicamos nosso modo como sugestão para o leitor. Não devemos complicar aquilo que é modesto e humilde como é a oração do Rosário.

Rezar pelos filhos não é, simplesmente, pedir uma intercessão, mas também momento de agradecer os benefícios e as melhorias recebidas. Quanto aos filhos, não existem apenas os problemáticos, grande parte dos filhos está bem encaminhada, e isso deve ser reconhecido pelas mães.

Saudação à Santíssima Trindade: pode-se iniciar com um canto de acolhimento e: Em nome do Pai, do filho, do Espírito Santo, amém!

Reza-se a oração do: Creio em Deus Pai, um Pai-nosso e três Ave-Marias.

Para iniciar:

Vinde, Espírito Santo, e esteja entre nós para nos abençoar e acolher nossas súplicas que humildemente vos dirigimos neste momento.

[*Sugestão*]: Leitura do Salmo 108:

"Meu coração está firme, ó Deus, bem firme; eu cantarei hinos em teu louvor. Acorde meu coração! Minha harpa e minha lira acordem! Eu acordarei o sol.

Ó Senhor Deus, eu te darei graças no meio das nações; eu te louvarei entre os povos. Teu amor está acima dos céus, e tua fidelidade chega até as nuvens.

Ó Deus, mostra tua grandeza nos céus e que tua glória brilhe no mundo inteiro! Salva-nos com teu poder; responde a nossa oração para que o povo que tu amas seja salvo...

Ó Deus, quem me levará para dentro da cidade protegida por muralhas? Quem me guiará até Edom? Será que, de fato, nos rejeitaste? Será que não vais marchar com nossos exércitos? Ajuda-nos a combater o inimigo, pois o auxílio de seres humanos não vale nada.

Com Deus de nosso lado, venceremos; ele derrotará nossos inimigos. Peço para ele mudar toda a minha situação!"

Ou o Salmo 139:

"Senhor, vós me sondais e conheceis, sabeis quando me sento ou me levanto; de longe penetrais meus pensamentos; percebeis quando me deito e quando eu ando, meus caminhos vos são todos conhecidos.

Fostes vós que me formastes as entranhas, e no seio de minha mãe vós me tecestes. Eu vos louvo e vos dou graças, ó Senhor, porque de modo admirável me formastes!

Até o mais íntimo, Senhor, me conheceis; nenhuma sequer de minhas fibras ignoráveis, quando eu era modelado ocultamente, era formado nas entranhas subterrâneas".

Outra forma para iniciar o Terço:

Quando iniciamos a oração do Ofício Divino e do Ofício de Nossa Senhora, rezamos esta bela oração:

"Abri, Senhor, meus lábios para que louve vosso santo nome, purificai também meu coração de todos os vãos, perversos ou inúteis pensamentos; iluminai-me o entendimento, inflamai-me a vontade, para que digna, atenta e devotamente recite este ofício e mereça ser atendido perante vossa divina majestade".

Nas contas maiores:

Senhor, vinde em socorro de nossos filhos.
Socorrei-nos nas horas de aflição!

Ou: Confio na clemência de nosso Deus, agora e sempre!

– Deus, em seu amor pode tudo (3 vezes) ou estes outros:

– Faça tudo isso orando a Deus e pedindo a ajuda dele. Ore sempre, guiados pelo Espírito de Deus. Fique alerta. Não desanime e ore sempre por todo o povo de Deus (Ef 6,18).

– E tudo quanto pedirdes com fé na oração vos recebereis (Mt 21,22).

Nas contas pequenas:

Tudo é possível para quem crê! (10 vezes). Ou
Vós fostes, ó Senhor, um refúgio para nós (Sl 89).

Para encerrar:

Jesus, médico de milagres:
tu que já fizeste o cego ver,
surdo ouvir, mudo falar,
paralítico andar,
e que já ressuscitou morto,
ressuscita nossa fé;
ressuscita nossa esperança;
alimenta nossa fé.

Permite que o Espírito Santo tome conta de nós,
para que não nos enfraqueçamos
diante dos problemas da vida.
Querido Jesus, tua graça é nossa fortaleza;
exaltado seja sempre teu nome.
E teu amor anunciado por todos os lugares.
Proclamada e bendita seja tua presença no meio de nós.
Obrigado por nos escutares, Senhor, por meio desta oração.
Entregamos a ti todos os nossos problemas.
E confiamos porque sabemos que estás agindo por nós
e transformando nossa vida. Amém.

A mulher veio, adorou-o de joelhos e disse: "Senhor, ajuda-me!" Ele respondeu: "Não é certo tirar o pão dos filhos e lançá-lo aos cachorrinhos". Disse ela, porém: "Sim, Senhor, mas até os cachorrinhos comem das migalhas que caem da mesa de seus donos". Jesus respondeu: "Mulher, grande é sua fé! Seja conforme você deseja". E naquele mesmo instante sua filha foi curada (Mt 15,25-28).

Se desejar, faça a oração da entrega:

Senhor Jesus, assim como te entregaste nas mãos do Pai, eu também venho agora a ti me entregar. Entrego-te todo o meu ser, corpo e alma, consagrando-os a ti, abandonando-me, totalmente, em tuas mãos, e nada quero em mim reter. Tudo é teu: meu passado, presente e futuro; o que me deste, meus queridos filhos, minha família.

Confio a ti nosso sustento espiritual e material, pois creio em tua providência divina. Minhas preocupações, meu fardo, também os deposito diante de ti.

Agradeço-te tudo que assim me permitires passar, pois creio fortemente que tu me amas e confio incondicionalmente em teu amor por mim.

Também hoje, Senhor, venho pedir perdão.

Perdão, Senhor, por ser a chuva que se nega a cair, que nega à terra o riso das folhas, flores e frutos, e esconde nas mãos o crescimento das sementes e a maturação dos grãos, chuva que se nega perder-se na terra, quando tão simples e gratificante é servir por amor.

Senhor, creio que tua Palavra é vida e que é ela que gera tua vida em mim. Por isso, quero agora me comprometer, ler, meditar e vivê-la, todos os dias.

Dá-me, Senhor, a luz de teu Espírito para que ela revele em mim tua verdade e transforme meu coração. Cristo, eu te amo, eu me entrego a ti, eu confio em ti. Amém!

Oferecimento do Terço

Divino Jesus, nós vos oferecemos este Terço que vamos rezar, meditando nos mistérios de vossa redenção. Concedei-nos, por intercessão da Virgem Maria, Mãe de Deus e nossa Mãe, as virtudes que nos são necessárias para bem rezá-lo e a graça de ganharmos as indulgências desta santa devoção.

Sinal da Cruz

Em nome do Pai, do Filho e do Espírito Santo. Amém.

Oração do Credo

Creio em Deus Pai todo-poderoso, criador do céu e da terra, e em Jesus Cristo, seu único Filho, nosso Senhor, que foi concebido pelo poder do Espírito Santo; nasceu da Virgem Maria; padeceu sob Pôncio Pilatos; foi crucificado, morto e sepultado; desceu à mansão dos mortos; ressuscitou ao terceiro dia; subiu aos céus; está sentado à direita de Deus Pai todo-poderoso, donde há de vir a julgar os vivos e os mortos. Creio no Espírito Santo, na Santa Igreja Católica; na comunhão dos santos; na remissão dos pecados; na ressurreição da carne; na vida eterna. Amém.

Oração do Pai-nosso

Pai nosso, que estais no céu, santificado seja o vosso nome; venha a nós o vosso reino, seja feita a vossa vontade assim na terra como no céu. O pão nosso de cada dia nos dai hoje; perdoai-nos as nossas ofensas, assim como nós perdoamos a quem nos tem ofendido; e não nos deixeis cair em tentação, mas livrai-nos do mal. Amém.

Oração da Ave-Maria

Ave, Maria, cheia de graça, o Senhor é convosco; bendita sois vós entre as mulheres e bendito é o fruto do vosso ventre, Jesus. Santa Maria, Mãe de Deus, rogai por nós, pecadores, agora e na hora da nossa morte. Amém.

Oração / jaculatória do Glória

Glória ao Pai, ao Filho e ao Espírito Santo. Assim como era no princípio, agora e sempre, pelos séculos dos séculos. Amém.

Jaculatória de intercessão a Jesus

Ó meu Jesus, perdoai-nos e livrai-nos do fogo do inferno; levai as almas todas para o céu e socorrei, principalmente, aquelas que mais precisarem.

Oração de agradecimento

Infinitas graças vos damos, Soberana Rainha, pelos benefícios que todos os dias recebemos de vossas mãos liberais. Dignai-vos, agora e sempre, tomar-nos debaixo do vosso poderoso amparo e, para mais vos obrigar, vos saudamos com uma "Salve-Rainha":

Salve, Rainha, Mãe de misericórdia, vida, doçura e esperança nossa, Salve! A vós bradamos os degradados filhos de Eva. A vós suspiramos, gemendo e chorando neste vale de lágrimas. Eia, pois, advogada nossa, esses vossos olhos misericordiosos a nós volvei, e, depois, deste desterro, mostrai-nos Jesus, bendito fruto do vosso ventre. Ó clemente, ó piedosa, ó doce sempre Virgem Maria.

V. Rogai por nós, Santa Mãe de Deus,

R. para que sejamos dignos das promessas de Cristo. Amém.

7.3. Cantilena / Ladainha lauretana

As cantilenas servem para se rezar no final do Terço em substituição à Ladainha de Nossa Senhora. A palavra ladainha vem do grego e significa súplica. Desde o início da Igreja, ela foi utilizada para indicar, não quaisquer súplicas, mas as que eram rezadas em conjunto pelos fiéis, que iam em procissão às diversas igrejas.

A Ladainha Lauretana ou Ladainha da Santíssima Virgem foi composta quando se encerrava a Idade Média e guarda esse nome devido à aprovação do papa Sisto V. Alguns dos títulos que constam, atualmente, foram acrescentados solenemente à ladainha original por uma série de papas ao longo da história, outros são agregados para honrar a proteção de Nossa Senhora a alguma Ordem religiosa, como fazem os carmelitas, os quais rezam a Ladainha Lauretana carmelitana, com quatro invocações a mais. Mas o corpo central das ladainhas permanece o mesmo. Você já rezou a Ladainha Lauretana?

Leão XIII prescreveu que, no mês de outubro, o Rosário fosse terminado com a Ladainha de Nossa Senhora. Isso fez com que a Ladainha fosse introduzida como um apêndice do Rosário. Na realidade, ela constitui uma oração própria, cuja origem está no século XVI, em Loreto, de onde provém seu nome.

A Maria Santíssima se referem também as palavras do Cântico dos Cânticos: "Quem é esta que se aproxima como a aurora que surge, bela como a lua, resplandecente como o sol, terrível como um exército enfileirado para a batalha?" (Ct 6,9)

Tudo em Nossa Senhora nos conduz a seu divino Filho e, por intermédio dele, à Santíssima Trindade, que é nosso fim último. Isso é algo que os protestantes não entendem ou não querem entender: Maria Santíssima é o melhor caminho para se chegar a Deus.

Depois dessa reflexão sobre a ladainha, seguem-se três invocações nas quais pronunciamos o nome da Virgem, Santa Maria, e lembramos dois de seus principais privilégios: ser Mãe de Deus e Virgem das virgens.

Em seguida, há vários grupos de invocações a Nossa Senhora e podemos verificar, em resumo:

– 13 invocações para honrarmos a maternidade de Nossa Senhora;

– 6 invocações para honrarmos sua virgindade;

– 13 invocações que são figuras simbólicas;

– 4 invocações de sua misericórdia e, finalmente,

– 12 invocações de Maria como Rainha.

Segue a ladainha para ser rezada e meditada ao mesmo tempo. Ela é um hino de exaltação à Mãe de Deus e nossa. Santo Irineu, discípulo de São Policarpo, testemunha que as ladainhas já estavam em uso em seu tempo e as denomina uma súplica.

Santo Ambrósio faz retroceder sua origem aos tempos apostólicos e corrobora sua opinião com a autoridade de São Paulo escrevendo a Timóteo (1,2-1):

Reza-se a cantilena assim como segue:

V. Senhor, tende piedade de nós.
R. Senhor, tende piedade de nós.
V. Jesus Cristo, tende piedade de nós.
R. Jesus Cristo, tende piedade de nós.
V. Senhor, tende piedade de nós.
R. Senhor, tende piedade de nós.
V. Jesus Cristo, ouvi-nos.
R. Jesus Cristo, ouvi-nos.

V. Jesus Cristo, atendei-nos.
R. Jesus Cristo, atendei-nos.
V. Deus Pai do Céu,
R. tende piedade de nós.
V. Deus Filho Redentor do mundo,
R. tende piedade de nós.
V. Deus Espírito Santo,
R. tende piedade de nós.
V. Santíssima Trindade, que sois um só Deus,
R. tende piedade de nós.

V. Santa Maria,
R. Rogai por nós.
(*Repete-se a mesma resposta a partir daqui*)
Santa Mãe de Deus,
Santa Virgem das Virgens,
Virgem Mãe de Jesus Cristo,
Mãe da Igreja,
Mãe da divina graça,
Mãe puríssima,
Mãe castíssima,
Mãe imaculada,
Mãe intacta,
Mãe amável,
Mãe admirável,
Mãe do bom conselho,
Mãe do Criador,

Mãe do Salvador,
Virgem prudentíssima,
Virgem veneranda,
Virgem digna de louvor,
Virgem poderosa,
Virgem clemente,
Virgem fiel,
Espelho da justiça,
Sede da sabedoria,
Causa da nossa alegria,
Vaso espiritual,
Vaso honorável,
Vaso insigne de devoção,
Rosa mística,
Torre de Davi,
Torre de marfim,
Casa de ouro,
Arca da aliança,
Porta do Céu,
Estrela da manhã,
Saúde dos enfermos,
Refúgio dos pecadores,
Consoladora dos aflitos,
Auxílio dos cristãos,
Rainha dos Anjos,
Rainha dos Patriarcas,
Rainha dos Profetas,

Rainha dos Apóstolos,
Rainha dos Mártires,
Rainha dos Confessores,
Rainha das Virgens,
Rainha de todos os Santos,
Rainha concebida sem pecado original,
Rainha assunta aos Céus,
Rainha do Santíssimo Rosário,
Rainha da Família,
Rainha da Paz,

V. Cordeiro de Deus, que tirais os pecados do mundo,
R. perdoai-nos, Senhor.
V. Cordeiro de Deus, que tirais os pecados do mundo,
R. ouvi-nos, Senhor.
V. Cordeiro de Deus, que tirais os pecados do mundo,
R. tende piedade de nós.

Oração final: A vossa proteção nos acolhemos, Santa Mãe de Deus; não desprezeis as súplicas que em nossas necessidades vos dirigimos, mas livrai-nos sempre de todos os perigos, ó Virgem gloriosa e bendita.

V. Rogai por nós, Santa Mãe de Deus,
R. para que sejamos dignos das promessas de Cristo.

Ou se finaliza com uma destas formas:

Oremos: Senhor Deus, nós vos suplicamos que concedais a vossos servos perpétua saúde de alma e de corpo; e que, pela gloriosa intercessão da bem-aventurada sempre Virgem Maria, sejamos livres da presente tristeza e gozemos da eterna alegria. Por Cristo Nosso Senhor. Amém.

Oremos: Infundi, Senhor, nós vos pedimos, em nossas almas vossa graça, para que nós, que conhecemos pela anunciação do Anjo a encarnação de Jesus Cristo, vosso Filho, cheguemos por sua paixão e sua cruz à glória da Ressurreição. Pelo mesmo Jesus Cristo, Senhor Nosso. Amém.[8]

---

[8] Vários Autores. *Seleta de orações*, Ed. Cultor de Livros, 2011. 232 páginas. Esse pequeno livro é uma seleção de orações, devoções, cantos e antífonas habituais do cristão. Nessas páginas o leitor encontrará o alimento necessário para diversos momentos de sua vida espiritual: orações à Santíssima Trindade, devoções a Nossa Senhora, a São José, aos Anjos da Guarda, orações para o sacramento da penitência e para várias necessidades. A obra, com diversas ilustrações em bico de pena, traz as orações em latim e sua tradução em português. As antífonas a Nossa Senhora e algumas orações são acompanhadas de partituras. Sá Freire, Rita de Cássia Pinho França de. *Nossa Senhora Auxílio dos Cristãos*: Títulos, Orações e Devoções. Editora Petrus: 2010. São Paulo, p. 93 a 96.

8
Orações abençoadoras para o grupo

Seguem algumas orações e devoções marianas para o grupo, as quais foram colhidas em diversos momentos e em diversos devocionais. As orações devocionais, em sua maioria, foram esquecidas pelo povo católico e são conhecidas, em geral, apenas por algumas pessoas de mais idade.

A proliferação de "aparições" de Nossa Senhora deu a entender que deveríamos modificar algumas posturas marianas e partir para um novo modo de cultuar Maria na Igreja. Não adiantaram os vários apelos, pois Maria foi a única que ficou prejudicada em seu devocional.

Com isso, Maria tornou-se mais um "objeto" de atenção, pedido e graças, que uma expressão de vida cristã. Não é mais vista como aquela mulher forte do Evangelho e que "destrona os poderosos" em função de interesses pessoais.

As orações são propostas para os momentos mais pessoais ou em família e grupos das mães que rezam pelos filhos. Elas auxiliam variar as ocasiões e acrescentar alguns interesses de momento.

Oração de Santa Mônica

Nobilíssima Santa Mônica, rogai por todas as mães, principalmente, por aquelas mães que se esquecem de que ser mãe é sacrificar-se. Rogai, virtuosa Santa Mônica, para que se abram as almas de todas as mães, para que elas enxerguem a beleza da vocação materna, a beleza do sacrifício materno.

Rogai, Santa Mônica, para que todas as mães saibam abraçar com Fé o sofrimento e a dor, assumam seus filhos com coragem, como instrumento de santificação para as famílias e para sua própria santificação. Amém.

Oração em pedido de auxílio a Santa Mônica

Em nome do Pai, do Filho e do Espírito Santo!

Sob o peso de meu fardo, volto-me a ti, querida Santa Mônica, e peço tua ajuda e intercessão. De teu lugar no céu, imploro que olhes por meu filho (*nome*), que se perdeu na fé e em tudo o que tentamos ensinar-lhe. Eu sei, querida Mônica, que nossos filhos não pertencem a nós, mas a Deus, e que Deus, muitas vezes, permite que eles se percam para que isso seja parte de sua jornada em direção a Ele.

Teu filho, Agostinho, também se perdeu, mas encontrou a fé e chegou a acreditar; e, nessa crença, tornou-se um verdadeiro professor. Ajuda-me, portanto, a ter paciência e a esperar que todas as coisas – inclusive esse movimento decepcionante longe da fé – acontecem de acordo com os propósitos de Deus.

Por causa da alma de meu filho, oro para entender e confiar nisso. Santa Mônica, por favor, ensina-me a persistir fiel na oração, como tu fizeste pelo bem de teu filho. Inspira-me para que eu me comporte de maneira a não afastar meu filho de Cristo, mas apenas o guie gentilmente em direção a sua luz maravilhosa.

Por favor, ensina-me o que sabes sobre esse doloroso mistério de separação, reconciliação e reorientação de nossos filhos para o céu. Ó Santa Mônica, amante de Cristo e de sua Igreja, roga por mim e por meu filho (*dizer o nome*), para que possamos ganhar o céu, juntarmo-nos a ti e oferecermos um constante e agradecido louvor a Deus. Amém (cf. *Aleteia*).

Oração a Nossa Senhora da Salete

Lembrai-vos, ó Nossa Senhora da Salete, das lágrimas que derramastes no calvário. Lembrai-vos também dos angustiados cuidados que tendes por mim para livrar-me da justiça de Deus.

Depois de terdes demonstrado tanto amor por mim, não podeis abandonar-me. Animado por este pensamento consolador, venho lançar-me a vossos pés, apesar de minhas infidelidades e ingratidões. Não rejeiteis minha oração, ó Virgem reconciliadora, mas atendei-me e alcançai-me a graça de que tanto necessito.

Ajudai-me a amar a Jesus sobre todas as coisas. Eu quero enxugar vossas lágrimas por meio de uma vida santa e assim merecer um dia viver convosco e desfrutar a felicidade eterna do céu. Amém.

Oração pela bênção das mães

Obrigado, ó Deus, pela mãe que me deste! Sua presença serena inspira-me confiança; seu serviço constante ensina-me a amar; sua vivência simples me desperta para a fé; seu olhar profundo inspira-me bondade; sua ternura leva-me a acolher; seu semblante tranquilo fala-me de teu rosto materno, ó Deus! Neste dia, a ela dedicado, o universo inteiro canta, Senhor, as maravilhas que operaste nesta criatura tão bonita: obra-prima de tuas mãos. Acompanha, Senhor, minha mãe nas alegrias e nas lágrimas, nos trabalhos e nas preocupações. E, quando suas forças diminuírem e a idade avançar, que redobre minha ternura para que a solidão não a possa alcançar. Abençoa, ó Deus, minha mãe! Abençoa também todas as mães!

Oração do "Lembrai-vos"

Lembrai-vos, ó puríssima Virgem Maria, de que nunca se ouviu dizer que algum dos que recorreram a vossa proteção, imploraram vossa assistência e clamaram por vosso socorro tenha sido por vós desamparado.

Animado eu, pois, com igual confiança, a vós, ó Virgem entre todas singular, como à Mãe recorro, de vós me valho e, gemendo sob o peso de meus pecados, me prostro a vossos pés.

Não rejeiteis minhas súplicas, ó Mãe do Verbo de Deus humanado, mas dignai-vos de ouvi-las propícia, e de me alcançar o que vos rogo. Amém.

– Essa bela oração, extraída de uma homilia de São Bernardo sobre a Assunção, é uma obra-prima de devoção. Quando as angústias nos oprimirem, quando sentirmos fraquejar a nossa coragem, quando a tristeza e o desespero ameaçarem assenhorear-se de nossas almas, recitemo-la confiadamente.

Sub tuum praesidium (À vossa proteção)

À vossa proteção recorremos, Santa Mãe de Deus. Não desprezeis as nossas súplicas em nossas necessidades, mas livrai-nos sempre de todos os perigos, ó virgem gloriosa e bendita. Amém.

– Essa breve e antiga oração, de autor desconhecido, exprime a confiança no poder e na bondade de Maria. Recitemo-la antes de qualquer ação e, principalmente, nos perigos e nas tentações. Indulgência de cinco anos cada vez e indulgência plenária (com as condições ordinárias) para quem a recitar diariamente durante um mês.

As três Ave-Marias

De acordo com a revelação feita por Maria a Santa Matilde, a recitação constante de três Ave-Marias todas as manhãs e todas as noites, isto é, no início e no fim do dia, é um meio fácil e seguro de evitar o pecado mortal e de obter a graça da perseverança final.

– Essa prática foi grandemente recomendada por São Leonardo de Porto Maurício e por Santo Afonso. É fácil e muito útil. Tratemos de cumpri-la, fielmente. [9]

[9] Leonardo de Porto Maurício, nascido Paolo Girolamo Casanova, foi um religioso italiano da Ordem dos Frades Menores, idealizador e promotor da prática da *Via*

Jaculatórias de invocação

É também muito útil repetir durante o dia algumas das jaculatórias, seguintes, com as quais se lucram algumas indulgências. O Catecismo da Igreja Católica (CIC) explica que a indulgência "é a remissão, diante de Deus, da pena temporal devida aos pecados já perdoados quanto à culpa, que o fiel, devidamente disposto e em certas e determinadas condições, alcança por meio da Igreja, a qual, como dispensadora da redenção, distribui e aplica, com autoridade, o tesouro das satisfações de Cristo e dos Santos".

Vejamos algumas das jaculatórias mais conhecidas:

– Santa Maria, livrai-nos dos infortúnios do inferno.

– Ó Maria, que entrastes no mundo sem mancha do pecado, obtende de Deus que eu possa sair dele sem culpa.

– Seja bendita a Santa e Imaculada Conceição da bem-aventurada Virgem Maria, Mãe de Deus.

– Ó Maria, concebida sem pecado, rogai por nós que recorremos a vós.

– Doce coração de Maria, sede minha salvação.

– Ó coração puríssimo de Maria, Virgem Santíssima, obtende de Jesus a pureza e a humildade para meu pobre coração.

Crucis. Foi beatificado em 1796 e proclamado santo, em 1867, pelo papa Pio IX (cf. *Wikipédia*). Nascimento: 20 de dezembro de 1676, Impéria, Itália. Falecimento: 26 de novembro de 1751, Roma, Itália. Santo Afonso. Nome completo: Alphonsus Liguori. Nacionalidade: Italiano. Nascimento: 27 de setembro de 1696, Marianella e falecimento: 1 de agosto de 1787, Pagani, Itália.

Antífonas de Nossa Senhora

Santa Virgem Maria, não há mulher nascida no mundo semelhante a vós, filha e serva do altíssimo Rei e Pai celestial, Mãe do Santíssimo Senhor Jesus Cristo e esposa do Espírito Santo; rogai por nós com São Miguel Arcanjo e todos os anjos e santos do céu junto a vosso santíssimo e dileto Filho, Senhor e Mestre! Amém.

– Chamam-se antífonas maiores de Nossa Senhora as quatro orações com que termina, segundo a época do ano litúrgico, o Ofício Divino que os sacerdotes e religiosos rezam cotidianamente. Aqui, registramos dois exemplos.

Alma Redemptoris Mater

Santa Mãe do Redentor, porta do céu, estrela do mar, socorrei o povo cristão que procura levantar-se do abismo da culpa. Vós que, acolhendo a saudação do Anjo, gerastes, com admiração da natureza, vosso santo Criador, ó sempre Virgem Maria, tende misericórdia dos pecadores.

– Essa antífona é, geralmente, atribuída a Ermano Contract, monge beneditino do mosteiro de São Galo, morto em meados do século XI. Recita-se desde o Advento até a Purificação e tem por fim glorificar a maternidade divina de Maria.

Ave Regina Coelorum

Deus vos salve, Rainha dos céus.
Deus vos salve, Senhora dos Anjos.
Deus vos salve, Raiz e Porta
por onde veio a luz ao mundo.
Alegrai-vos, ó Virgem gloriosa,
a mais bela entre todas as mulheres.
Santa Mãe de Deus, intercedei por nós,
diante de vosso Filho.

Oremos: Vinde, Deus de misericórdia, em ajuda de nossa fragilidade para que todos quantos façam memória da Santa Mãe de Deus sejamos, por vossa intercessão, livres de nossas iniquidades. Por Nosso Senhor Jesus Cristo vosso Filho na unidade do Espírito Santo. Amém.

– A *Ave Regina Caelorum* é uma oração dedicada a Nossa Senhora, que se inicia com as palavras Ave (*salve*) e Regina (*rainha*). É uma das quatro antigas antífonas marianas cantadas no ofício divino durante o ano litúrgico. Clemente VI a acrescentou pensando em Santo Efrém e em São Jerônimo. Essa antífona era cantada, principalmente, no período entre a festa da Apresentação de Jesus ao Templo e a Quinta-feira Santa.

Tarde te amei! De Santo Agostinho, uma das mais arrebatadoras orações de todos os tempos:

Tarde te amei, ó Beleza tão antiga e tão nova! Tarde demais eu te amei! Eis que estavas dentro, e eu, fora – e fora te buscava, e me lançava disforme e nada belo, perante a beleza de tudo e de todos que criaste. Estavas comigo, e eu não estava contigo... seguravam-me longe de ti as coisas que não existiriam se não em ti. Chamaste, clamaste por mim e rompeste minha surdez. Brilhaste, resplandeceste, e tua luz afugentou minha cegueira. Exalaste teu perfume e, respirando-o, suspirei por ti, te desejei. Eu te provei, te saboreei e, agora, tenho fome e sede de ti. Tocaste-me e agora ardo em desejos por tua Paz! (*in*, Santo Agostinho, *Confissões* 10,27-29).

9
De que é composta a devoção mariana?

A pergunta que devemos fazer: qual é o conteúdo da devoção mariana? Vamos nos perguntar: como venerar Maria na situação que estamos vivendo na Igreja, em que todos desejam falar sobre ela? As famosas "mensagens" de Nossa Senhora fazem parte da devoção mariana?

Enfim, o que é venerar Maria na Igreja Católica, nos dias de hoje?

O Catecismo da Igreja Católica (CIC) apresenta o mistério da Virgem Maria, baseando-se em dados da Sagrada Escritura, da tradição da Igreja e do magistério eclesiástico, para que os cristãos possam conhecê-la melhor e cultivarem verdadeiro culto.

O Catecismo destaca o mistério da Virgem Maria em duas partes principais: "Nascido da Virgem Maria" (n. 487-511) e "Maria – Mãe de Cristo, Mãe da Igreja" (n. 963-975).

O Catecismo da Igreja Católica não deixa dúvidas: a catequese mariana consiste em falar da Virgem Maria em relação ao mistério de Cristo e do Espírito e em relação ao mistério da Igreja (cf. n. 963). Fora dessas duas relações é, metodologicamente, inadequada a catequese mariana.

Sem delongas, apresentemos *duas dimensões* da devoção mariana que devemos entender e praticar.

A primeira: a DEVOÇÃO A MARIA. Como conteúdo, temos seis pontos da fé mariana. Reconhecemos as grandezas de Maria; o culto de Maria; o respeito a Maria; a confiança em Maria; o amor a Maria; e a imitação de Maria. Poderíamos incluir a necessidade de se ler livros de instrução sobre Maria (mariologia).

São Tomás de Aquino explica que a devoção que se tem aos santos não termina neles, mas que, em última instância, se dirige a Deus, dado que em seus santos veneramos, na realidade, a Deus, que os encheu de graça e santidade. A devoção a Deus, à Virgem, aos santos manifesta-se por meio de atos devocionais; por isso costuma distinguir-se entre devoção e devoções (cf. São Tomas, *Summa Theologiae* , II-II, q. 82, 2 ad 1).[10]

---

[10] Os escritos do Novo Testamento e a literatura cristã inicial, até ao Concílio de Niceia de 325, quer dizer, praticamente até que o cristianismo adquira reconhecimento público, são parcos nesse tema. Consideraram-se testemunhos indiretos do culto primitivo mariano as passagens do Evangelho segundo São Lucas 1, 45; 1, 48-49; 11, 27;

Importa informar que todos os países, em geral, têm uma devoção "particular" a Maria. Por exemplo: Nossa Senhora de Kazan, na Rússia; Nossa Senhora Aparecida, no Brasil; Nossa Senhora do Carmo, na Inglaterra; Nossa Senhora de Guadalupe, no México; curiosamente, em Portugal, Nossa Senhora da Conceição, e assim por diante.

Esses pontos nos bastam para a fé mariana. Podemos imaginar, nessa relação, a visita aos santuários marianos, às ermidas ou capelas paroquiais dedicados a Maria. Excluem-se, nessa relação, a busca de "revelações" marianas (conhecidas peregrinações) àqueles videntes em alta nesses últimos anos.

A segunda: as PRÁTICAS MARIANAS. A oração da Ave-Maria; a devoção ao Rosário; a oração do *Angelus* e a *Regina Caelis*; as sete dores de Maria, e as sete alegrias; o ofício da Imaculada; os cinco primeiros sábados; o uso do escapulário; as festas de Maria; as práticas em honra de Maria; e as orações a Maria.

Essas são as principais devoções marianas, e você pode escolher, para fazer parte de seu dia, aquela que mais se aproxima de Deus e de Maria.

A existência de um oratório domiciliar para a veneração mariana se faz importante para a continuidade devocional junto aos filhos, que aprendem com os pais a dar veneração a Maria.

---

e dos Atos dos Apóstolos 1,14.

Lembramos que toda prática devocional tem por objetivo aumentar nosso amor por Deus e pelo próximo e deve tornar-nos pessoas melhores.

Podemos destacar que:

VENERAÇÃO não é ADORAÇÃO a Maria. O Catecismo recomenda no número § 971:

"Todas as gerações me chamarão bem-aventurada" (Lc 1,48): "A piedade da Igreja para com a Santíssima Virgem é intrínseca ao culto cristão". A Santíssima Virgem "é legitimamente honrada com um culto especial pela Igreja. Com efeito, desde remotíssimos tempos, a bem-aventurada Virgem é venerada sob o título de 'Mãe de Deus', sob cuja proteção os fiéis se refugiam suplicantes em todos os seus perigos e necessidades" (...).

"Este culto, (...) embora inteiramente singular, difere essencialmente do culto de adoração que se presta ao Verbo encarnado e, igualmente, ao Pai e ao Espírito Santo, mas o favorece poderosamente; este culto encontra sua expressão nas festas litúrgicas dedicadas à Mãe de Deus e na oração mariana, tal como o Santo Rosário, "resumo de todo o Evangelho".

Sempre é bom se interrogar sobre a formação na devoção mariana. O "aparecimento" de muitas manifestações públicas sobre Maria pode desfigurar sua mensagem e imagem devocional. A mensagem já foi dada pelo Filho Jesus e pelo anúncio do anjo a Maria: "Salve, ó cheia de graça, o Senhor está contigo!" (Lc 1,28).

Assim começa a devoção mariana. E continua nos séculos seguintes e sem interrupção. A verdade histórica é: Maria, a partir das palavras pronunciadas pelo anjo Gabriel, foi, posteriormente, olhada com admiração. E logo sua intercessão foi invocada por motivo de seu particular vínculo com Cristo: o vínculo da maternidade!

Portanto, quando recorrermos a Maria para invocá-la com filial confiança, não nos encontraremos fora do Evangelho, mas, totalmente, dentro dele.

"E Maria, a primeira e perfeita discípula de Jesus, a primeira e perfeita crente, modelo da Igreja em caminho, é Aquela que abre essa estrada de maternidade da Igreja e sempre sustenta sua missão materna destinada a todos os homens. Seu testemunho discreto e materno caminha com a Igreja desde as origens. Ela, Mãe de Deus, é também Mãe da Igreja e, por intermédio dela, é Mãe de todos os homens e de todos os povos" (Papa Francisco, 2015).

É preciso resgatar a fé marial, como fizera São Luís Maria Grignion de Montfort, em um tempo forte da heresia do jansenismo. Ele começou a pregar uma terna e fervorosa devoção a Nossa Senhora, como perfeito antídoto para todos os males espalhados pela heresia. E, quase ao fim de sua vida, pôs por escrito a substância do que havia ensinado: o Tratado da Verdadeira Devoção à Santíssima Virgem.

Os Papas não cessaram de expor a fé marial, de forma constante, em diversos pontificados. Apareceram os tratados, as Cartas, as Encíclicas e outros Documentos sobre a Virgem Maria.[11]

Enfim, podemos lembrar o mês de maio dedicado à devoção mariana e, outubro, à devoção ao Santo Rosário. Além disso, lembramos as festas marianas no transcurso do ano litúrgico como necessárias à proclamação de nossa admiração e as festas das padroeiras com diversos títulos marianos de Nossa Senhora.

Enfim, e sem demoras, podemos lembrar um artigo teológico do Pe. Cipolini: "A devoção a Maria, a Mãe de Jesus, é uma constante na história do povo brasileiro. Ao longo do processo evangelizador em terras brasileiras, o Evangelho foi anunciado apresentando a Virgem Maria como a expressão mais sublime de fidelidade".

A devoção a Maria é elemento qualificador da genuína piedade da Igreja no Brasil, e podemos afirmar que a experiência mariana pertence à identidade própria de nosso povo. Sem dúvida, podemos afirmar que a piedade mariana foi, com frequência, e ainda é, um vínculo resistente, que conservou fiéis à Igreja setores que não contavam com atenção pastoral adequada.[12]

---

[11] Gasques, Jerônimo, *Maria a mãe do povo*: resgatando a tradicional espiritualidade mariana. Paulus Editora, p. 152, 2014. "A Virgem Maria é reconhecida e honrada como sendo verdadeiramente a mãe de Deus e do Redentor... Ela é claramente a mãe dos membros de Cristo... Maria, mãe de Cristo, mãe da Igreja" (CIC 983).

[12] A DEVOÇÃO MARIANA NO BRASIL, Pedro Carlos Cipolini *in* Revista Teocomunicação, Porto Alegre, v. 40, n. 1, p. 36-43, jan./abr. 2010. Um ilustrativo "documento" para estudo e reflexão sobre Maria. Valeria a pena dedicar tempo a essa leitura.

Que nosso livro, *Mães que rezam pelos filhos*, seja um momento de reflexão e de formação na piedade mariana; que divulguemos essa devoção e sejamos fiéis admiradores de Maria e ensinemos nossos filhos a serem apóstolos do Coração materno de Maria Santíssima.

Apêndice

Mães e filhos: da maternidade biológica à maternidade espiritual

A maternidade não é feita só de risos (Angela Abdo)[13]

A maternidade é uma vocação. Gerar uma vida é aceitar um dom divino. Na Bíblia, lemos o momento do anúncio do anjo a Maria de que ela seria mãe. O anúncio veio seguido das palavras: "Não tenhas medo, encontraste graça diante do Senhor". Essa frase também acontece em nossa vida diante da novidade da maternidade.

Os filhos são fonte de riso em nossa vida de casal desde a notícia do exame natal. Como podemos explicar para

[13] Angela Abdo – "Fundadora do movimento Mães que Oram pelos Filhos" (artigo publicado no dia 17 de agosto de 2019). Site: *maesqueorampelosfilhos.com.br* [O texto foi acessado dia 6.7.2019]. Com o devido respeito, livremente, fizemos algumas correções e formatamos o texto para o apêndice.

alguém a felicidade de pequenas conquistas de nossos filhos? Por que a maioria das mulheres, ao brincar de boneca, já acalenta, em seu coração, o sonho de ser mãe? Algumas conseguem realizar esse sonho gerando, fisicamente outras, no coração e, ainda, algumas, na espiritualidade.

A maternidade não é feita só de risos, pois é na dor que conseguimos sentir a verdadeira emoção de ser mãe. Amar um filho que faz tudo certo, qual é o mérito? É na dor que superamos os sonhos de menina e vivemos a plenitude do amor. Esse amor é tão forte que é a comparação mais próxima que temos do amor de Deus pela humanidade.

Maternidade biológica

Descobrimos que gerar é fácil, perto do desafio de conduzir os filhos para serem pessoas de bem, não só com sucesso profissional, mas também caminhando na trilha que a Bíblia e a Igreja nos ensinam.

Quando escrevi o livro "Mulheres à luz da Bíblia", meu desejo era aprender com os erros e acertos dessas mulheres, principalmente, com a modelagem que elas permitiram que Deus fizesse em sua vida. Depois de publicá-lo, tenho recebido testemunhos de que o livro ajudou as pessoas a exercerem e entenderem melhor o papel de mulher, mãe, irmã, sogra, nora, entre outros, ou seja, aprenderam a amar melhor rumo à ágape.

Para os filhos, a fé dos pais tem uma influência muito grande, isso faz parte das entranhas deles, mesmo em momentos que estão em conflito com Deus.

Para a maioria dos pais é um prazer vê-los servindo a Deus, porque isso traz uma satisfação que nada no mundo pode superar. Entretanto, temos de trabalhar a paciência para suas idas e vindas. Cada um com sua forma de ser, mas todos como filhos de Deus.

A maturidade chega quando aceitamos que, apesar de todo o nosso amor e exemplo, eles crescem e querem seguir sua vida. Lembro-me de Ana, na Bíblia, que, depois de um período de esterilidade, engravidou. Após o desmame, levou Samuel para viver no templo. Sua postura nos mostra que os filhos não são nossos, mas de Deus.

Maternidade espiritual

O ápice de ser mãe é quando os filhos casam e começam sua própria família. O que chama a atenção é que, no início, o jovem casal diz "em minha casa as coisas acontecem assim e na casa dele é diferente". As comparações são inevitáveis.

Em um determinado momento, o discurso muda, o casal começa a dizer "em nossa casa é assim, e na casa de nossos pais funciona de forma diferente". Pode parecer simples, mas é quando deixam de ser nossos para serem um do outro.

Nessa época, de meus filhos, comecei a entender a carta de São Paulo aos Efésios, a qual diz que o homem deixará pai e mãe e se unirá a sua mulher e os dois serão uma só carne (cf. Ef 5,31). A chegada dos netos dá início a outro ciclo, não só para nossos filhos, mas também para nós.

Os relacionamentos parentais são fundamentais para o desenvolvimento da criança. E aí descobrimos que a maternidade espiritual é muito importante, porque geramos os filhos e netos no amor e na oração.

Na convivência com os netos aprendemos a amar melhor, a demonstrar os sentimentos e ser menos arrogantes nos conceitos. Outro aprendizado é que não temos mais o compromisso de educar, mas doamos nosso tempo para ensinar a parte espiritual e socorrer quando precisam. Isso foi fundamental para sermos menos mãe biológica e mais mãe espiritual, fato o qual, muitas vezes, esquecemos quando estamos focadas em "criar" filhos.

Em meu caso, aconteceu ao ser mãe de tantas que chegam ao Movimento para rezarem por seus filhos. Essa isca continua a ser usada por Deus, pois as mães vêm para rezar pelos filhos e são curadas e evangelizadas. Mães curadas, famílias restauradas.

Conclusão

Seria possível concluir nosso devocionário?

Certamente, escrevemos e anotamos uma série de questionamentos sobre a devoção mariana. Nosso foco foi a necessidade de um material sobre o grupo das *mães que rezam pelos filhos*. Não somente a necessidade de um livro com uma proposta pastoral para o grupo e formação dos demais, mas a necessidade de um texto de meditação e de reflexão sobre a devoção mariana.

O livro, com o título de devocionário, reflete sobre as várias etapas da formação das mães que rezam pelos filhos. Registramos uma série de mães bíblicas que foram modelos de mães que se colocaram em oração pelos filhos. Anotamos uma modesta história das duas santas padroeiras do movimento: Nossa Senhora da Salete e Santa Mônica.

A verdadeira devoção não exige que se recorra às "falsas" devoções marianas, sem fundamento na doutrina e na tradição da Igreja. Parece que é isso que estamos vendo nestes últimos anos. Temos uma necessidade urgente de refazer esse caminho. Este livro poderá colaborar com a reflexão.

Os "modernos marianos" desejam apresentar uma Maria que foge da Revelação e da Tradição da Igreja. Devemos ter o atencioso cuidado para não desvirtuarmos essa devoção. É certo que é mais instigante ouvir histórias sobre Maria, mas, se não estiver conectada à Revelação, será, apenas, um interminável pesadelo.

São Bernardo, santo e doutor da Igreja, que foi um dos maiores devotos e defensores do culto a Maria, deixou-nos ensinamentos belíssimos sobre Nossa Senhora:

"Que este nome sagrado não afaste de teu coração e não falte jamais em teus lábios. Seguindo esta estrela, não te desviarás. Se a invocares com humildade, não desesperarás. Se pensares em Maria, não errarás. Se ela estiver contigo, não cairás. Se te proteger, nada temerás.

Com ela, como guia, não te fatigarás. Se te for propícia, chegarás à meta, firme e seguro. Quem quer que sejas, sacudido pelo vendaval das tempestades deste mundo flutuante, sentindo a terra como mar devorador, não afastes os olhos do fulgor desta estrela.

Quando soprar o vento tempestuoso e traiçoeiro da tentação; quando te sentires batido contra os escolhos perigosos da tribulação, olha para a estrela e invoca Maria.

Se te açoitarem as ondas da soberba, da inveja, da maledicência, olha para a estrela e invoca Maria. Quando sentires que a ira, a avareza, a carne e a tristeza tentam fazer naufragar a barquinha frágil de tua alma, olha para a estrela, invoca Maria".

Santa Teresinha chegou a dizer: "Com a prática fiel das virtudes mais humildes e simples, tornaste, minha Mãe, visível a todos o caminho reto do Céu".

Apresentamos alguma variedade de sugestões que, certamente, facilitará o andamento de formação de novos grupos. A intenção foi expor a necessidade de se compor o grupo para rezar, mas também a formação da espiritualidade das mães que rezam pelos filhos, além de oferecer um material de meditação, de estudo sobre a oração do Terço e a devoção a Maria às mães; que elas possam passar os conteúdos para os filhos.

Os bispos da América Latina, reunidos em Aparecida, afirmaram que não se pode desvalorizar a espiritualidade popular ou considerá-la como modo secundário da vida cristã, porque seria esquecer o primado da ação do Espírito Santo e a iniciativa gratuita do amor de Deus. Essa afirmação embasa outro referente a Maria que, a propósito, serve muito bem para encerrar esta reflexão:

"Com sua religiosidade característica, agarram-se ao imenso amor que Deus tem por eles e que lhes recorda permanentemente a própria dignidade. Também encontram a ternura e o amor de Deus no rosto de

Maria. Nela veem refletida a mensagem essencial do Evangelho" (cf. *Aparecida*, 265-266).

Rezemos por nossos filhos e sejamos mães e pais fiéis ao projeto de Deus. "Não é errado afirmar que, no Brasil, Jesus veio pelas mãos de Maria. E, para compreendermos o papel de Maria, deveremos ir por intermédio de Jesus, pois é Ele que confere sentido e grandeza a Maria, sua mãe e discípula" (Dom Cipolini).

Criemos grupos de mães que rezam pelos seus filhos, mas também incentivemos momentos de estudo e de meditação sobre a espiritualidade mariana. Provoquemos encontros e retiros sobre temas relacionados às grandes mães da Bíblia. O trabalho, no grupo, motiva a tomada de decisões mais acertadas e, certamente, produz mais frutos.

Façamos bom proveito deste livro e o divulguemos fazendo conhecer e expandir nosso apostolado mariano!

Índice

Este livro foi composto com as famílias tipográficas Segoe UI e ITC Stone Serif e impresso em papel Offset 70g/m^2 pela **Gráfica Santuário.**